Kernbeißer
Zaunkönig
Kleiber

P. H. Barthel · H. Frieling

Das neue Was fliegt denn da?

Alle Vögel Mitteleuropas

Begründet von Wilhelm Götz
und Alois Kosch,
fortgeführt von Heinrich Frieling,
neu verfaßt von Peter H. Barthel

Kosmos

980 Farbzeichnungen im Bestimmungsteil
und 28 Farbzeichnungen auf den Klappen
von Michal Skakuj
69 farbige Eierdarstellungen von Walter Söllner
18 Farbfotos von P. H. Barthel (1), H. D. Brandl
(1), M. Delpho (1), J. Diedrich (1), R. Groß (7),
F. Hecker (1), D. Hopf (1), E. Hortig (1), A. Klees
(2), K. Schwammberger (1) und G. Synatzschke (1)
60 Schwarzweißzeichnungen im Text (Archiv) und
12 auf den Klappen von Wolfgang Lang

Umschlag von Atelier Reichert, Stuttgart,
unter Verwendung einer Farbzeichnung von
Michal Skakuj. Das Bild zeigt ein Gimpel-Paar

Die Deutsche Bibliothek – CIP-Einheitsaufnahme. Der Titelsatz für diese Publikation ist bei der Deutschen Bibliothek erhältlich.

29. Auflage

Lektorat: Rainer Gerstle
Herstellung: Lilo Pabel
ISBN 3-440-08160-5
Printed in Italy/Imprimé en Italie
Satz: Limicola Verlag, Einbeck
Druck: Printer Trento s.r.l., Trento

Was fliegt denn da?

Vorwort

Die Geschichte dieses Buches ist so lang, daß man schon von einem Klassiker sprechen kann. Begründet wurde „Was fliegt denn da?“ 1936 von Wilhelm Götz und Alois Kosch als das erste farbig illustrierte Taschenbuch über die Vögel Mitteleuropas. Es erlebte zahlreiche Auflagen, bis Heinrich Frieling 1950 eine Neubearbeitung vornahm, die sich weitere 45 Jahre millionenfach bewährte.

Als ich vor mehr als 30 Jahren begann, mich intensiv mit Vögeln zu beschäftigen, war „Was fliegt denn da?“ selbstverständlich mein erstes Bestimmungsbuch. Nach jahrelanger eifriger Benutzung zerfiel es in sämtliche Einzelteile, wurde durch dickere Werke ersetzt und geriet so für mich in Vergessenheit. Erst als der Verlag mich mit dieser Neuausgabe betraute, holte ich das zerfledderte Büchlein wieder aus dem Schrank und war erstaunt, wie gut und nützlich es auch heute noch ist. Schnell stand der Entschluß fest, es zwar völlig neu zu schreiben und den erheblichen Wissenszuwachs der letzten Jahrzehnte einfließen sowie die Illustrationen überarbeiten oder ersetzen zu lassen, aber bei der bewährten Konzeption zu bleiben.

Der bisherigen Erfolg dieses Bestimmungsbuchs ist in der Kombination mehrerer Faktoren zu suchen. Es ist so klein und handlich, daß man es jederzeit griffbereit bei sich führen kann, enthält dennoch alle für die Bestimmung nötigen Informationen und behandelt zusätzlich noch weitere Aspekte des Vogellebens. Der größte Vorteil liegt aber sicher darin, daß es für den Beginner geschrieben wurde, der durch die in größeren Büchern behandelten, bei uns aber nie zu sehenden Arten nur verwirrt wird, der aber gleichzeitig im Gegensatz zu kleineren und daher meist unvollständigen Vogelbüchern hier tatsächlich das gesamte Artenspektrum Mitteleuropas abgedeckt findet. Zudem erleichtert die übersichtliche Anordnung der Arten auf den Farbtafeln das Vergleichen und Bestimmen, der kurze Text ist schnell erfaßbar und sucht keine Antworten auf Fragen, die sich der Benutzer überhaupt nicht gestellt hat. Dem Wunsch der Käufer nach Übersichtlichkeit folgend, blieb dieser Aufbau auch bei der Neubearbeitung erhalten. Allerdings ist es kein reines „Anfängerbuch“ mehr: Niemand kann sich alle Details merken, und so findet auch der Fortgeschrittene hier hoffentlich viele Fakten als Gedächtnisstütze komprimiert, wenn er sein Exkursionsgepäck nicht mit umfangreichen Spezialwerken belasten möchte.

Für seinen großen Einsatz bei der Erstellung der Farbtafeln danke ich meinem Freund Michal, für die Zusammenstellung meiner Textfragmente zu einem Buch meiner Frau Christine, für die endlose Geduld und das große Vertrauen dem Kosmos-Verlag und besonders Rainer Gerstle.

So bleibt der Wunsch, „Was fliegt denn da?“ möge auch weiterhin vielen Benutzern helfen, mit unserer Vogelwelt vertraut zu werden. Doch je mehr man weiß, desto größer wird auch die Verantwortung für die gefiederten Mitbewohner unserer Erde, deren Weiterleben mehr denn je gefährdet ist. Schon der Kleine Prinz wußte es: „Du bist zeitlebens für das verantwortlich, was du dir vertraut gemacht hast“.

Einbeck, im Mai 1997
Peter H. Barthel

Einführung

Mit dem Erwerb dieses Buchs sind Sie Mitglied in der großen Gemeinschaft der Vogelbeobachter geworden. Herzlichen Glückwunsch und viel Spaß dabei! Weltweit beschäftigen sich Millionen von Menschen in ihrer Freizeit mit der Beobachtung von Vögeln. Das schöne an diesem Hobby ist, daß man es zu jeder Zeit, an jedem Ort und fast ohne Hilfsmittel ausüben kann. Am Anfang brauch man nicht viel mehr als Geduld, Neugierde, Lernbereitschaft, Fernglas und Notizblock sowie dieses Buch. Mit zunehmendem Wissen wächst oft der Wunsch, noch mehr über Vögel zu erfahren. Dafür gibt es dann weitere Gerätschaften und Bücher, auf die hier nur ganz kurz eingegangen werden soll. Auch daß die Vogelkunde, von den Fachleuten Ornithologie genannt, als Teilgebiet der Biologie eigentlich eine ernsthafte Wissenschaft ist, soll uns erst einmal nicht interessieren. Uns geht es hauptsächlich um die schnelle und sichere Beantwortung der im Titel dieses Buchs gestellten Frage „Was fliegt denn da?".

Dennoch müssen wir uns mit ein paar Grundlagen vertraut machen, um das Buch sinnvoll benutzen zu können und nicht allzu oft eine falsche Antwort zu bekommen. Die nachfolgenden Einführungsabschnitte sind absichtlich kurz gehalten, damit sie auch wirklich gelesen werden - und damit man später nicht allzu viel Papier zu tragen hat, wenn man das Buch in der Natur benutzt.

BEARBEITUNGSGEBIET

Dieses Buch behandelt sämtliche Arten, die als Brut- oder Gastvögel, Durchzügler oder seltene Ausnahmeerscheinungen in Mitteleuropa vorkommen. Der Schwerpunkt liegt dabei auf den deutschsprachigen Ländern. Da viele Arten recht große Verbreitungsgebiete haben oder ausgedehnte Wanderungen unternehmen und bei uns seltene, aber in Nachbarländern häufiger erscheinende Arten mit aufgenommen wurden, kann man das Buch auch auf Urlaubsreisen zwischen Westfrankreich und Ostpolen, Südschweden und Norditalien benutzen.

AUSRÜSTUNG

Der erste und wichtigste Grundsatz bei der Vogelbeobachtung lautet, daß man dabei weder die Tiere selbst, noch ihren Lebensraum stören oder gar gefährden darf. Um die Fluchtdistanz der Vögel nicht unterschreiten zu müssen und um Details ihres Aussehens erkennen zu können, ist daher die Benutzung eines Fernglases nötig. Am gebräuchlichsten sind solche mit sechs- bis zehnfacher Vergrößerung. Beim Kauf eines neuen Fernglases sollte man darauf achten, daß es sich auch im Nahbereich scharfstellen läßt (z.B. zur Beobachtung am Futterhaus dicht vor dem Fenster), ein großes Sehfeld hat und optisch so gut verarbeitet ist, daß man auch bei längerer Benutzung keine Kopfschmerzen oder gar Augenschäden bekommt. Spezialisten benutzen besonders an größeren Gewässern oder am Meer häufig zusätzlich ein Fernrohr mit dreißigfacher Vergrößerung.

Unser zweites Hilfsmittel ist ein ganz normales Notizbuch, in das wir unsere Beobachtungen eintragen. Außer einer reinen Namensliste der Vogelarten und ihrer jeweiligen Anzahlen sollten wir auch Angaben zu Datum, Ort, Uhrzeit und Wetterlage notieren. Auch die festgestellten Details zum Aussehen, zu Verhaltensweisen oder zur Stimme prägen sich besser ein, wenn sie niedergeschrieben werden. Oft können wir einen Vogel nicht sofort bestimmen, und beson-

Vogeltopographie

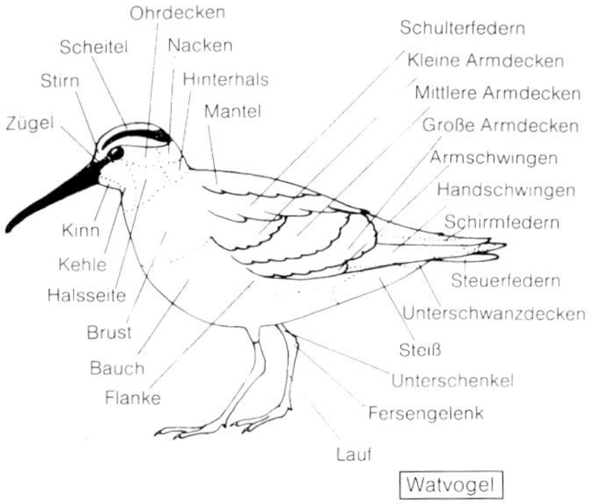

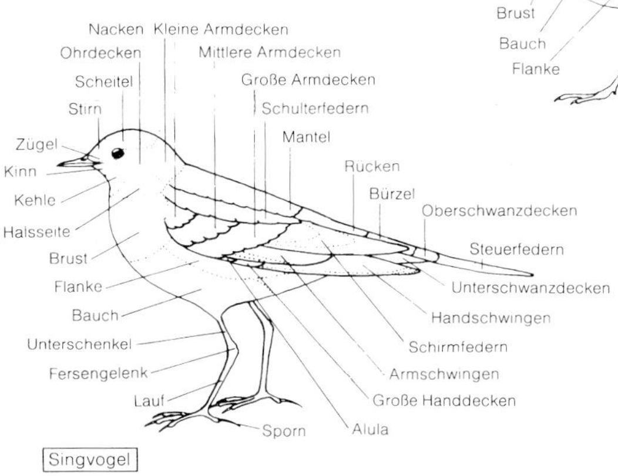

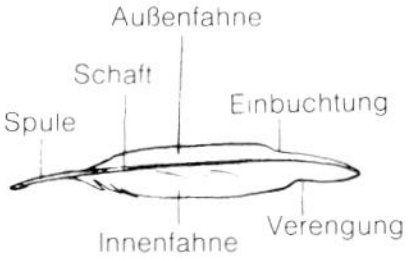

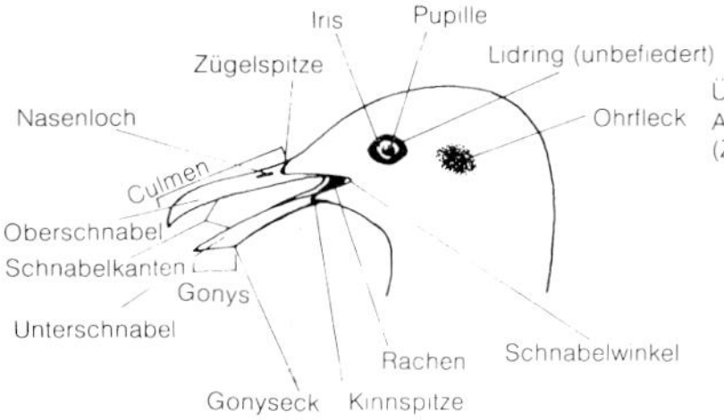

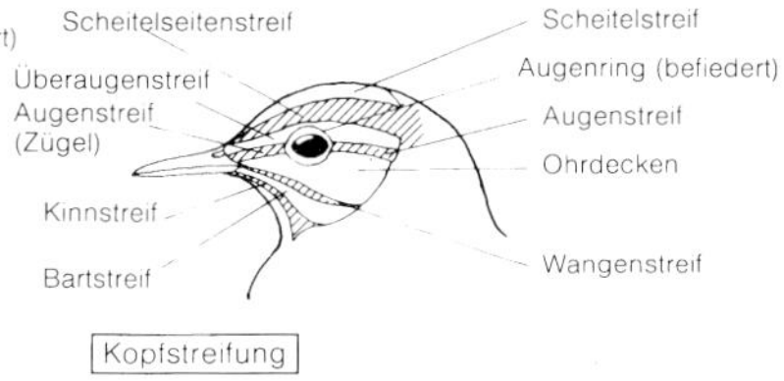

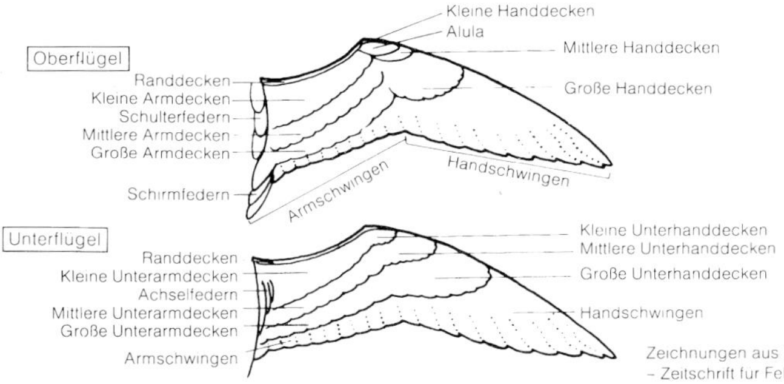

Zeichnungen aus *Limicola*
– Zeitschrift für Feldornithologie

ders in solchen Fällen helfen uns ausführliche Aufzeichnungen als Gedächtnisstütze, wenn wir später zu Hause in Ruhe im Buch nachlesen wollen. Nützlich sind auch Skizzen, zumal man durch das Zeichnen zum noch genaueren Hinschauen gezwungen wird. Ein sorgfältig geführtes vogelkundliches Tagebuch erlaubt es uns, nach einigen Jahren z.B. die Ankunftszeiten der Zugvögel für unseren Raum zu ermitteln oder wichtige Grundlagendaten über die Vogelwelt eines bedrohten Gebiets vor unserer Haustür beizusteuern.

TOPOGRAPHIE

Um einen Vogel überhaupt beschreiben und bestimmen zu können, müssen wir die genauen Bezeichnungen seiner Körperteile kennenlernen. Diese sind auf Seite 8 an verschiedenen Beispielen dargestellt. Fast alle sind eindeutig und müssen nicht weiter erläutert werden. Beim Gefieder müssen wir lediglich noch zwischen dem Großgefieder, das von den aus Arm- und Handschwingen gebildeten Schwungfedern und den Steuerfedern besteht, und dem übrigen Gefieder unterscheiden, das zusammenfassend einfach Kleingefieder genannt wird. Jede dieser Gefiederpartien kann eigene, kennzeichnende Färbungen oder Muster aufweisen. Besonders die Streifung am Kopf ruft, zusammen mit der Kopf- und Schnabelform, bei vielen Arten einen typischen „Gesichtsausdruck" hervor, den man sich unbedingt einprägen sollte, da er für die Bestimmung sehr hilfreich ist.

Auch bei den übrigen Körperteilen ist es selbstverständlich, daß wir auf ihre Farbe, Länge und Form achten. So kann der Schnabel länger oder kürzer als der Kopf oder der Lauf, gerade, aufwärts oder abwärts gebogen, dick oder dünn sein. Andere Körperproportionen, z.B. der Abstand zwischen Flügel- und Schwanzspitze oder der Überstand der Handschwingen über die Armschwingen, geben gerade bei einander sonst sehr ähnlichen Arten oft entscheidende Hinweise. Schließlich liefert die Form des Schwanzes (keilförmig, gestaffelt, gerundet, gerade abgeschnitten, gekerbt, gegabelt, mit mittleren oder äußeren Schwanzspießen) wichtige Bestimmungsmerkmale.

DIE KLEIDER DER VÖGEL

Bei einigen Vogelarten lassen sich Männchen (Symbol: ♂), Weibchen (♀) und Jungvögel im Freiland praktisch nicht unterscheiden, während andere gerade den Beginner durch eine Vielzahl ganz verschiedener Kleider verwirren. Die Kenntnis der Bezeichnungen dieser Kleider ist Voraussetzung für die genaue Bestimmung. Federn nutzen sich relativ rasch ab, und da die Lebensfähigkeit eines Vogels von seinem intakten Gefieder abhängt, muß er dieses regelmäßig erneuern. Diesen Vorgang nennt man Mauser. Sie läuft bei jeder Art nach einem festen Schema ab, meist während und kurz nach der Brutzeit. Für viele der bei uns vorkommenden Arten gilt, daß sie ihr Großgefieder einmal jährlich erneuern, ihr Kleingefieder jedoch zweimal. So kommt es, daß vor der Brutzeit oft ein besonders farbenprächtiges Prachtkleid, danach dann ein weniger auffälliges Schlichtkleid angelegt wird. Sobald sie das Jugendkleid abgelegt haben, sehen manche Arten bereits wie die Altvögel aus, tragen also das Alterskleid (z.B. viele Singvögel), während andere mehrere Jahre benötigen, bis sie vollständig ausgefärbt sind (z.B. Möwen, Adler). Folgende Kleider werden grundsätzlich unterschieden:

Die ersten Federn eines Vogels sind die Dunenfedern. Nestflüchter tragen sie bereits, wenn sie aus dem Ei schlüpfen, bei Nesthockern entwickeln sie sich in den ersten Lebenstagen. Da man Küken in diesem Stadium normalerweise nicht sieht, wird das *Dunenkleid* hier nicht behandelt.

Das erste Gefieder, in dem ein Vogel fliegen kann, wird als *Jugendkleid* bezeichnet (Abk.: JK). Obwohl vor allem Singvögel dieses Kleid schon nach recht kurzer Zeit ablegen, wird es von vielen größeren Arten noch mehrere Monate getragen, von Watvögeln z.B. während ihres Zuges ins Winterquartier.

Bei vielen Arten ist das folgende Kleid schon nicht mehr vom *Alterskleid* der Altvögel zu unterscheiden. Voll ausgefärbte Vögel bezeichnet man auch als *adult* (Abk.: ad.). Sofern das Gefieder der Altvögel sich im Sommer und Winter nicht unterscheidet, während des ganzen Jahres also mehr oder weniger gleich aussieht, handelt es sich um ein *Jahreskleid.*

Viele Arten tragen jedoch vor oder während der Brutzeit ein besonders auffälliges Gefieder, das *Prachtkleid* (Abk.: PK), sonst das meist eher unscheinbare *Schlichtkleid* (Abk.: SK).

Vögel, die nicht mehr das Jugendkleid, aber auch noch nicht das endgültige Alterskleid tragen, werden allgemein als *unausgefärbt* oder *immatur* (Abk.: immat.) bezeichnet. Bei manchen Arten, z.B. Möwen, dauert es mehrere Jahre, bis sie ausgefärbt sind. Dann läßt sich anhand typischer Färbungsmuster das Alter meist noch genauer festlegen. Das dem Jugendkleid im Spätsommer oder Herbst des ersten Kalenderjahres folgende Gefieder ist das *erste Winterkleid* (Abk.: 1. Winter), dem im Sommerhalbjahr des zweiten Kalenderjahres das *erste Sommerkleid* (Abk.: 1. Sommer) folgt. Die sich bei Arten mit sehr langer Entwicklungszeit anschließenden Kleider heißen entsprechend *zweites Winterkleid, zweites Sommerkleid* (ab Frühjahr des dritten Kalenderjahres) usw.

Erwähnt sei, daß manche Vogelarten in bestimmten geographischen Regionen *Unterarten* ausgebildet haben, die sich manchmal an ihrer etwas unterschiedlichen Färbung im Freiland erkennen lassen und daher hier auch abgebildet sind. Daneben gibt es Arten, deren Färbung grundsätzlich sehr abwechslungsreich ist (z.B. Mäusebussard, Kampfläufer) und solche, die nebeneinander in einer hellen und dunklen Form oder *Morphe* vorkommen (z.B. Raubmöwen). Auch solche Variationen sind illustriert.

VOGELSTIMMEN

Je länger man sich mit der Vogelbeobachtung beschäftigt, desto größere Bedeutung bekommt die Kenntnis der Lautäußerungen. Oft hört man einen Vogel lange, bevor man ihn sieht. Bei Rallen, Eulen, aber auch im Laubdach des Waldes lebenden Singvögeln bekommt man häufig ausschließlich die Stimme zu hören. Die Rufe und Gesänge der meisten Vogelarten sind sehr charakteristisch und einprägsam. Daher sind sie in diesem Buch nicht nur im Bestimmungstext kurz umschrieben, sondern auch in einem besonderen Abschnitt ab Seite 115 nach Lebensräumen und Jahreszeiten übersichtlich dargestellt.

LEBENSWEISE UND FORTPFLANZUNG

In einem kurzen Bestimmungsbuch ist es natürlich nicht möglich, bei jeder Art auf alle Aspekte ihres Lebens, auf interessante Verhaltensweisen oder auf die Brutbiologie einzugehen. Einige Fakten dazu sind in der Übersicht der Ordnungen und Familien ab S. 11 zusammengestellt. Bemerkungen über die Eier, Nester und Küken sowie Abbildungen der häufigsten und auffälligsten Formen finden sich in einem eigenen Abschnitt ab S. 106.

Die Ordnungen und Familien der Vögel Mitteleuropas

Da Vögel die einzigen Tiere mit Federn sind, werden sie allen anderen Lebewesen als eine eigene Klasse gegenübergestellt. Weltweit umfaßt diese Klasse der Vögel etwa 10.000 Arten, von denen in Europa aber nur gut 500 brüten. In diese Vielfalt etwas Überschaubarkeit zu bringen, ist die Aufgabe von Systematikern. Deren Tätigkeit hilft aber auch dem Vogelbeobachter, denn hier werden die Vogelarten nach ihrer Verwandtschaft und damit gleichzeitig nach ihrer Ähnlichkeit angeordnet. Wenn man Vögel bestimmen möchte, ist es also sinnvoll, sich auch etwas mit ihrer Systematik zu beschäftigen.

Sehr nah miteinander verwandte Vogelarten werden zu Gattungen zusammengefaßt. Dies schlägt sich manchmal im deutschen Namen wieder, immer aber in der grundsätzlich *kursiv* geschriebenen wissenschaftlichen Bezeichnung. Diese besteht nämlich aus dem zuerst genannten und dann identischen Gattungsnamen, z.B. *Larus* für die Möwen, und dem dann angehängten Artnamen, z.B. *ridibundus* für die Lach- und *argentatus* für die Silbermöwe. Eng verwandte Gattungen gehören zur selben Familie, z.B. die Schwirle, Grasmücken, Spötter, Rohr- und Laubsänger zu den Zweigsängern. Einander stark ähnelnde Familien lassen sich schließlich zu Ordnungen zusammenfassen, z.B. die Reiher, Störche und Ibisse zu den Schreitvögeln. Auch die Reihenfolge der Ordnungen im so entstandenen Gesamtsystem richtet sich wieder nach dem Verwandtschaftsgrad. Vom Ziel der Systematik, einen die Entwicklungsgeschichte der Vögel möglichst genau widerspiegelnden Stammbaum zu entwerfen, ist man freilich noch weit entfernt.

Übrigens tragen die von einigen Vogelarten ausgebildeten geographischen Unterarten (z.B. bei der Schafstelze) eine zusätzliche dritte Bezeichnung, die an den wissenschaftlichen Gattungs- und Artnamen angehängt wird (z.B. *Motacilla flava flavissima*). Davon wird hier jedoch nur selten Gebrauch gemacht, da sie im Freiland nur selten sicher erkennbar sind.

Die Anordnung der Vogelarten in diesem Buch folgt weitgehend der üblichen Reihenfolge, weicht aus Gründen der besseren Vergleichbarkeit aber gelegentlich davon ab. Die nachfolgende Übersicht der 21 Ordnungen und 64 Familien entspricht jedoch der heute üblichen Systematik. In ihr sind Angaben zur Lebensweise und Fortpflanzung, zu Gemeinsamkeiten, Besonderheiten und zu allgemeinen Kennzeichen enthalten, die somit in den Bestimmungstexten entfallen konnten, aber zusammen mit ihnen benutzt werden sollten. Einige typischen Silhouetten sollen bei der ersten Einordnung eines beobachteten Vogels helfen. Für jede Familie ist angegeben, auf welchen Seiten die ihr zugehörigen Arten im Bestimmungsteil behandelt sind.

Die Kohlmeise im System der Vögel

Reich	Tierreich
Stamm	Chordatiere
Unterstamm	Wirbeltiere
Klasse	Vögel
Ordnung	Singvögel
Familie	Meisen
Gattung	*Parus*
Art	Kohlmeise, *Parus major*

SEETAUCHER

Die Ordnung der Seetaucher wird von nur einer Familie gebildet. Es handelt sich um recht urtümlich wirkende Brutvögel an Binnenseen Nordeuropas, die den Winter hauptsächlich auf dem Meer verbringen, besonders zur Zugzeit aber auch auf mitteleuropäischen Binnengewässern erscheinen. Die mit Schwimmhäuten versehenen Füße setzen weit hinten am stromlinienförmigen Körper an, zum Fischfang tauchen die Vögel sanft ins Wasser ein. Die Nester der an Land sehr unbeholfenen Vögel stehen direkt am Ufer und enthalten meist 2 Eier. Die Geschlechter lassen sich nicht unterscheiden. Bei der Bestimmung ist besonders auf die Kopffärbung, Form und Haltung des Schnabels zu achten. S. 32

Seetaucher

LAPPENTAUCHER

Auch diese Ordnung besteht aus nur einer Familie und ist mit Schwimmlappen an den Zehen der am Körperende ansetzenden Beine perfekt an das Leben auf und unter Wasser angepaßt. Aus abgestorbenen Pflanzenteilen werden Schwimmnester gebaut, in die 2-7 Eier gelegt werden. Die Küken mit typischer Kopf- und Halsstreifung werden von den Eltern oft im Rückengefieder transportiert. Halsfärbung, Kopfmuster und die im Prachtkleid abstehenden Ohrbüschel sind für die Bestimmung wichtig, Männchen und Weibchen sind identisch gefärbt. S. 32

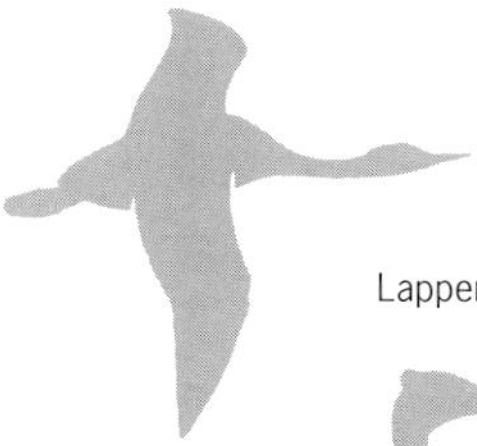

Lappentaucher

RÖHRENNASEN

Röhrennasen sind reine Hochseevögel, gekennzeichnet durch der Salzausscheidung dienende Röhren auf den Nasenlöchern, und kommen nur an Küsten, um in oft großen Kolonien ihr einziges Ei auszubrüten. Weder die Geschlechter, noch Jung- und Altvögel lassen sich im Freiland unterscheiden. Auf der Südhalbkugel sind die Albatrosse die bekannteste Familie. S. 32-34

Sturmvögel, zu denen auch die Sturmtaucher zählen, sind sehr möwenähnlich und gleiten auf steifen Schwingen über die Wellen. Viele von ihnen sind Höhlenbrüter.

Sturmschwalben sind kleiner, dunkel, haben einen mehr flatternden Flug und brüten auch in Höhlen.

Sturmtaucher

RUDERFÜSSER

Bei allen Familien dieser Ordnung sind sämtliche Zehen durch Schwimmhäute verbunden, sie brüten in Kolonien, die Jungvögel sind Nesthocker, die Geschlechter gleich gefärbt, und sie ernähren sich von Fischen und anderen Wassertieren. S. 34

Kormorane haben einen Haken an der Schnabelspitze, stehen oft mit ausgebreiteten Flügeln am Gewässer und tauchen aus dem Schwimmen heraus. Ihr Flug erinnert an Gänse. Die Brutkolonien befinden sich auf Bäumen oder an Klippen.

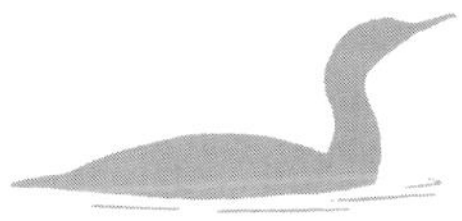

Kormoran

Tölpel kommen nur am Meer vor und stürzen sich aus der Luft kopfüber ins Wasser. Neben gemessenen Flügelschlägen sind Gleit- und Segelflug zu beobachten.

Pelikane schaufeln die Fische mit ihrem großen Kehlsack regelrecht aus dem Wasser. Bei ihnen ist der Hals im Flug eingezogen, bei den anderen Familien ausgestreckt. Die großen Nester werden in Schilfgebieten angelegt.

Pelikan

SCHREITVÖGEL

Die drei Schreitvogel-Familien haben die langen Beine, Hälse und Schnäbel sowie die Vorliebe für Feuchtgebiete und Gewässerränder gemeinsam. Die Geschlechter sind gleich gefärbt (Ausnahme: Zwergdommel), Jungvögel ähneln den alten meistens schon sehr (Ausnahme: Nachtreiher). S. 34-36

Reiher

Reiher fliegen mit eingezogenem Hals und rudernden Schlägen der durchgebogenen Flügel. Sie jagen meist lauernd und stoßen mit ihren dolchartigen Schnäbeln blitzartig nach Mäusen, Insekten, Fischen und anderer Beute. Die meisten Arten (außer Rohrdommeln) brüten in Kolonien auf Bäumen oder im Schilf.

Störche segeln viel und halten den Hals im Flug immer ausgestreckt. Durch ihr schwarzweißes Gefieder sind sie unverwechselbar.

Storch

Ibisse fliegen mit ausgestrecktem Hals. Beim Löffler ist die Schnabelspitze verbreitert, und mit pendelnden Kopfbewegungen durchseiht er das Flachwasser nach kleinen Wasserlebewesen. Der Sichler stochert mit seinem abwärts gebogenen Schnabel im Boden.

FLAMINGOS

Flamingos, einzige Familie ihrer Ordnung, sind unverkennbar durch ihr rosa Gefieder und den hohen, gekrümmten, lamellenbesetzten Schnabel, mit dem sie kopfüber das Flachwasser nach Kleinstlebewesen durchseihen. Sie

Löffler

brüten in großen Kolonien auf kegelförmigen Schlammnestern. Im Flug wirken sie durch den langen, ausgestreckten Hals und die langen Beine wie brennende Bleistifte. Mehrere Arten entfliegen regelmäßig aus Gefangenschaft. S. 36

ENTENVÖGEL

Entenvögel sind mehr oder weniger an Gewässer gebunden und tragen daher zwischen den Vorderzehen Schwimmhäute. Die meisten Arten sind gesellig und treten in manchmal sehr großen, gemischten oder artreinen Trupps auf. Viele Entenvögel besuchen Mitteleuropa nur als Durchzügler oder Wintergäste aus Skandinavien und Sibirien. Obwohl bei uns alle Arten zur selben Familie gehören, lassen sich dennoch auf Anhieb einige Gruppen und Gattungen deutlich voneinander abgrenzen.

Schwäne fallen durch ihre Größe und das weiße Gefieder sofort auf. Die großen Nester aus Pflanzenstengeln stehen an Binnengewässern und enthalten 2-10 Eier. Die Geschlechter sind gleich gefärbt. S. 38

Schwan

Gänse sind mittelgroß bis groß, außerhalb der Brutzeit meist in großen Trupps anzutreffen und ziehen in imposanter Keil- oder Linienformation. Die Geschlechter sind gleich gefärbt, gehen meist eine lebenslange Ehe ein und zeitigen 3-8 Eier. Zur schwierigen Bestimmung der grauen Arten ist das Färbungsmuster auf Kopf und Schnabel zu beachten, bei den eher am Meer erscheinenden schwarzweißen Gästen die Weißverteilung am schwarzen Kopf. S. 38

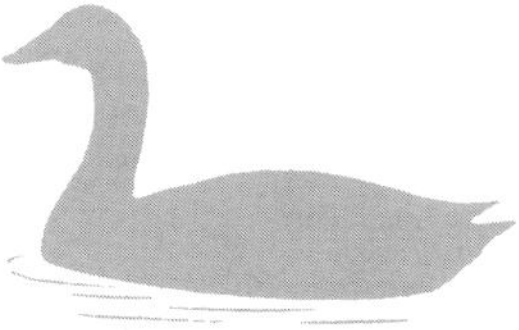

Gans

Gründelenten ernähren sich von Pflanzenteilen, die sie entweder von der Wasseroberfläche aufnehmen, an Land weiden oder aber gründelnd („Köpfchen in das Wasser, Schwänzchen in die Höh'") vom Gewässergrund abfressen. Sie lösen sich mit einem einzigen Flügelschlag von der Wasseroberfläche. Im Gegensatz zu den bunten Männchen sind die Weibchen eher einfarbig braun, so daß bei ihrer Bestimmung besonders auf den farbigen Flügelspiegel und die Gestalt zu achten ist. S. 40, Flugbilder S. 44-45

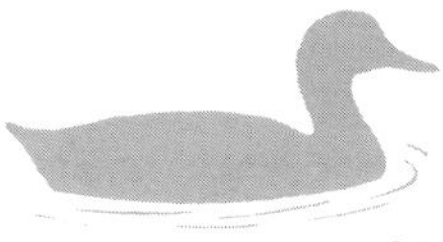

Gründelente

Tauchenten ernähren sich zusätzlich von Kleintieren, die sie tauchend aus dem Wasser holen. Ihr Schwanz ist meist nicht sichtbar, das „Heck" also abfallend. Zum Auffliegen müssen sie meist Anlauf nehmen. Bei der Bestimmung der Weibchen ist oft die Flügelfärbung wichtig. Auch die das Binnenland selten besuchenden Meeres-

Tauchente

enten tauchen alle, besonders gerne nach Muscheln und oft in dichten Trupps. Die Nester befinden sich meist in der Ufervegetation, bei der Schellente aber in Baumhöhlen, und werden mit Dunenfedern des Weibchens ausgepolstert. S. 42, Flugbilder S. 44-45

Säger tragen an ihren schlanken Schnäbeln feine Sägezähnchen, damit sie ihre Hauptbeute, die glitschigen Fische, besser festhalten können. Gänse- und Zwergsäger sind Höhlenbrüter. S. 44

Säger

GREIFVÖGEL

Greifvögel sind mit Hakenschnabel und scharfen Krallen ausgestattete Fleischfresser und schlagen ihre Beute am Boden oder in der Luft. Bei den meisten Arten sind die Geschlechter gleich gefärbt, die Weibchen jedoch größer. Sie legen 1-6 Eier in Nester am Boden, auf Felsen oder in Bäumen, die Jungvögel sind Nesthocker. Bei Greifvögeln hängen die Dichte ihres Vorkommens sowie die Zahl der pro Jahr gelegten Eier stark von der Häufigkeit ihrer Beutetiere ab, zu einer „Übervermehrung" kann es also nicht kommen. Mit einer Ausnahme gehören alle Arten zur selben Familie.

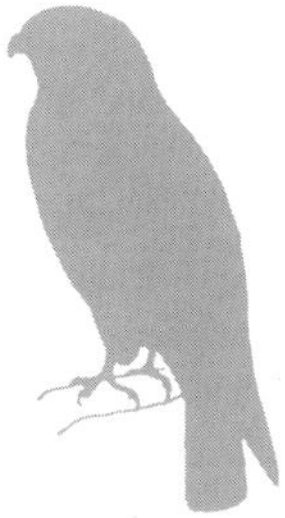
Bussard

Habichtartige sind eine sehr vielgestaltige Familie, die von den kleinen Sperbern über die schlanken Weihen, die rundflügeligen Bussarde und die hauptsächlich aasfressenden Geier bis hin zu den großen Adlern reicht. Meist ist es sehr viel schwieriger, stehende als fliegende Vögel zu bestimmen. Die Silhouette mit kennzeichnender Flügel- und Schwanzform sowie die Flugweise geben meist eindeutige Hinweise zumindest auf die grobe Zugehörigkeit. So haben Adler und Geier stark gefingerte Flügelspitzen, Weihen lange und Milane gegabelte Schwänze, Schlangenadler, Rauhfuß- und Mäusebussarde stehen oft rüttelnd in der Luft, Weihen segeln auf V-förmig angehobenen Flügeln niedrig über den Boden und Sperber schießen blitzschnell aus der Deckung hervor. S. 46-48, Flugbilder auf S. 50-51

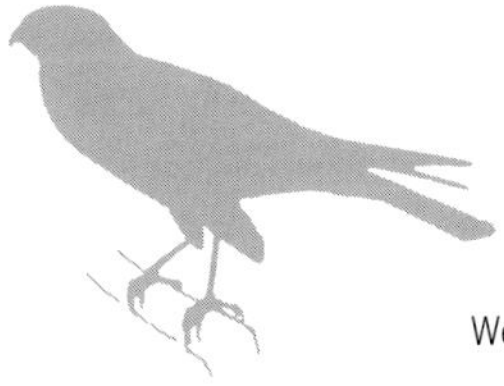
Weihe

Fischadler werden von den Habichtartigen als eigene, mit nur einer Art fast weltweit verbreitete Familie abgetrennt. Sie stehen oft rüttelnd über Gewässern, um stoßtauchend Fische zu erbeuten. S. 46

Seeadler

FALKEN

Zwar ähnelt die Lebensweise der nur von der gleichnamigen Familie gebildeten Falken derjenigen der Greifvögel, doch werden sie von diesen als eigene Ordnung abgetrennt. An ihren spitzen, leicht gewinkelten Flügeln, auf denen sie hohe Geschwindigkeiten erreichen können, sind sie leicht erkennbar. Sie bauen keine eigenen Nester, sondern legen ihre 3-7 Eier auf Felsvorsprünge oder in alte Nester anderer Arten. Weibchen sind deutlich größer als Männchen und bei einigen Arten unscheinbarer gefärbt. S. 52

Falke

HÜHNERVÖGEL

Hühnervögel leben meist am Boden, wo sie sich vorwiegend pflanzlich ernähren, und sind mit plumpem Körper und runden Flügeln keine besonders guten Flieger. Die Küken sind Nestflüchter. Mit Ausnahme der in Afrika überwinternden Wachtel handelt es sich um ausgeprägte Standvögel. Für die Bestimmung besonders der oft unscheinbarer gefärbten Weibchen liefern Form und Farbe des Schwanzes wichtige Kriterien.

Rauhfußhühner haben befiederte Läufe und Zehen, legen 6-12 Eier in Bodennester und zeigen eine auffallende Balz. Sie bewohnen ungestörte Wälder, Moore oder Gebirge und sind bei uns allgemein recht selten. S. 52

Auerhuhn

Glattfußhühner zeichnen sich durch ihre unbefiederten Läufe und Zehen aus und bewohnen vorwiegend offenes Gelände. Oft sind sie in kleinen Gruppen oder Familienverbänden anzutreffen. Beim Auffliegen entsteht ein purrendes Flügelgeräusch. Die Gelege können 15 und mehr Eier enthalten. S. 54

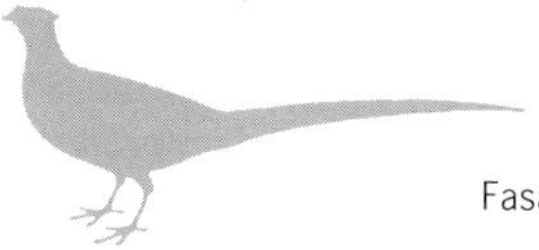

Fasan

KRANICHVÖGEL

Von dieser Ordnung kommen bei uns drei Familien vor, die sich in Größe, Aussehen und Lebensraumansprüchen deutlich unterscheiden. Alle sind relativ langbeinig, halten sich ausschließlich am Boden auf, wo sie auch brüten, und ihre Küken sind Nestflüchter. Während der Mauser führt das gleichzeitige Abwerfen der Schwungfedern oft zu vorübergehender Flugunfähigkeit.

Rallen sind staren- bis taubengroße Bewohner von Feuchtgebieten, wobei z.B. Bläßhühner eher entenartig auf der freien Wasserfläche schwimmen und tauchen, die Sumpfhühner in dichter Ufervegetation verborgen bleiben und der Wachtelkönig mehr hühnerähnlich in hohem Gras lebt. Viele Arten sind zudem überwiegend nachts aktiv, so daß die Kenntnis ihrer Lautäußerungen (s. Tabelle 7, S.

Ralle

129-130) die Voraussetzung dafür ist, ihre Anwesenheit überhaupt festzustellen. S. 54

Kraniche sind bei uns nur durch eine, durch die Größe, langen Beine und den langen, im Flug ausgestreckten Hals gut gekennzeichnete Art vertreten. Die Paare gehen eine lebenslange Ehe ein, führen im Frühjahr Balztänze mit Luftsprüngen auf und bebrüten in einem großen Bodennest in Sumpfgebieten 2 Eier. Sie ziehen in eindrucksvollen Trupps in V-Formation mit trompetenden Rufen im Winter nach Spanien. S. 54

Kranich

Trappen sind dagegen Bewohner von eher trockenem, steppenartigem Gelände. Die Großtrappe ist der schwerste flugfähige Vogel Europas. Die viel größeren Männchen zeigen eine imposante Balz, bei der sie durch Sträuben des Gefieders zu einer weißen Kugel werden. Die Geschlechter gehen keinerlei Paarbindung ein. S. 56

Trappe

WAT- UND MÖWENVÖGEL

Diese sehr große Ordnung besteht aus Familien und Arten, die überwiegend an Meer, Küsten, Binnengewässer oder Schlammflächen gebunden sind und im sehr unterschiedlichen Schnabelbau besondere Anpassungen an den Nahrungserwerb im jeweiligen Lebensraum entwickelt haben. Auch in den Fortpflanzungssystemen haben sich die verschiedensten Varianten herausgebildet. Gemeinsamkeiten bestehen neben einigen anatomischen Übereinstimmungen u.a. darin, daß ihre Gelegegröße gering ist, Männchen und Weibchen meist gleich gefärbt sind, dafür aber die Jugend- und Schlichtkleider stark abweichen. Viele Arten sind Fernzieher und überqueren teilweise drei Kontinente. Grob kann man die Angehörigen dieser Ordnung in drei Gruppen einteilen. Die ersten sechs Familien lassen sich als Watvögel zusammenfassen und werden auch Limikolen genannt. Sie benötigen außerhalb der Brutzeit, die viele von ihnen in Feuchtgebieten und Tundren im Norden Eurasiens verbringen, nahrungsreiche Schlickflächen, wo sie sich von Würmern, Insektenlarven und anderen Kleinlebewesen ernähren. Große Schwärme sind an den Küsten, besonders im Wattenmeer, zu beobachten, im Binnenland rasten sie an schlammigen Ufern sowie gerne an Klärteichen und Rieselfeldern. Fast alle Arten legen 4 Eier in eine Bodenmulde. Zu den meist überwiegend weiß gefärbten Möwenvögeln gehören die nächsten drei Familien, die besonders über offenen Wasserflächen zu sehen sind. Ganz abweichend erscheinen die schwarzweißen, an kleine Pinguine erinnernden Alke als letzte Familie dieser Ordnung. Zusätzliche Farbtafeln mit den für die sichere Bestimmung häufig unentbehrlichen Flugbildern finden sich auf den Seiten 64-65 (Watvögel) und 72-73 (Möwenvögel).

Austernfischer sind gut taubengroß und bei uns nur durch eine charakteristisch gefärbte Art besonders an den Küsten vertreten. Im Gegensatz zu den meisten anderen Limikolen legen sie nur 3 Eier und füttern ihre Jungvögel, bis diese flügge sind. S. 56

Austernfischer

Stelzenläufer, zu denen auch der Säbelschnäbler gehört, kommen hauptsächlich an Salzwasser vor und wirken mit ihrem schwarzweißen Gefieder und den langen Beinen sehr elegant. S. 56

Triele sind bei uns nur durch eine Art vertreten, die von den anderen Watvögeln durch die Bevorzugung von trockenem, steppenartigem Gelände, die überwiegend nächtliche Aktivität und nur 2 Eier abweicht. S. 56

Brachschwalben sind zwar Watvögel, fallen aber durch ihre kurzen Beine und Schnäbel, die gegabelten Schwänze und die Spezialisierung auf den Fang von Insekten im Flug aus dem gewohnten Schema heraus und erinnern mehr an Seeschwalben. S. 56

Regenpfeifer, zu denen auch die etwas größeren Kiebitze gehören, sind rundlich gebaut, tragen relativ kurze, weniger als kopflange, gerade Schnäbel und haben nur mittellange Beine. Während des pickenden Nahrungserwerbs laufen sie wie auf Rädern über offenes Gelände und Strände. Oft gibt das Flügelmuster entscheidende Hinweise auf die Artzugehörigkeit. S. 56-58

Kiebitz

Schnepfenvögel sind wiederum eine große und vielgestaltige Familie, innerhalb derer sich jedoch einige Gattungen gut abgrenzen lassen. Die Strandläufer *Calidris* sind sperlings- bis amselgroß, haben eher kurze bis mittellange Beine und meist gut kopflange, oft abwärts gebogene Schnäbel. Die eigentlichen Schnepfen sind durch ihre tarnfarbige Oberseite, kurze Beine und extrem lange, gerade Schnäbel gekennzeichnet, die großen Schnepfen *Limosa* und die Brachvögel dagegen durch lange Beine, letztere zusätzlich durch die Abwärtsbiegung der großen Schnäbel. Für die mittelgroßen Wasserläufer *Tringa* sind die hohen, oft bunten Beine, die langen Schnäbel und das häufige Körperwippen charakteristisch. Die Wassertreter

Wasserläufer

Phalaropus, bei denen die Weibchen farbenprächtiger als die Männchen sind, schwimmen auf der freien Wasserfläche und picken mit ihren feinen Schnäbeln von dort Insekten auf. Innerhalb der Schnepfenvögel gibt es Arten, die eine „normale“ Paarbindung eingehen, z.B. Uferschnepfen, aber auch solche, bei denen sich ein Weibchen mit mehreren Männchen oder ein Männchen mit mehreren Weibchen verpaart (viele Strandläufer), nur die Männchen brüten (Wassertreter) oder Männchen und Weibchen überhaupt keine engere Bindung eingehen (Kampfläufer). Die Küken in ihrem tarnfarbigen Dunenkleid sind Nestflüchter, suchen sofort selbst nach Nahrung und werden von den Altvögeln lediglich bewacht. Die Bestimmung aller Watvögel ist für den Beginner oft verwirrend, da Pracht-, Jugend- und Schlichtkleider unterschieden werden müssen, viele Arten einander ohnehin sehr ähneln und die Beobachtungsentfernungen häufig groß sind. Meist liefern Beinlänge und -farbe, Schnabelform und Musterung auf Flügeln und Schwanz im Flug neben den kennzeichnenden Rufen wichtige Merkmale. S. 58-62

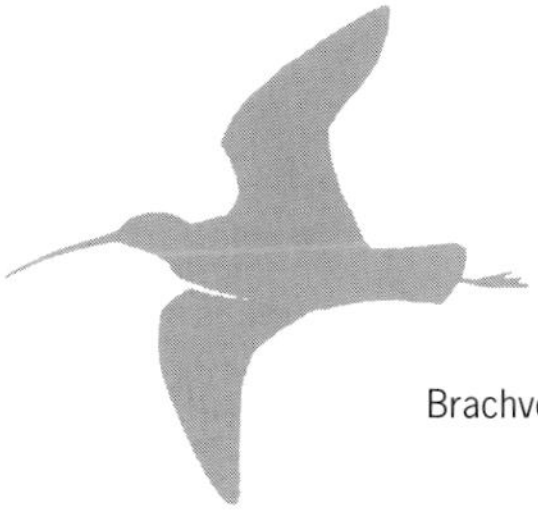

Brachvogel

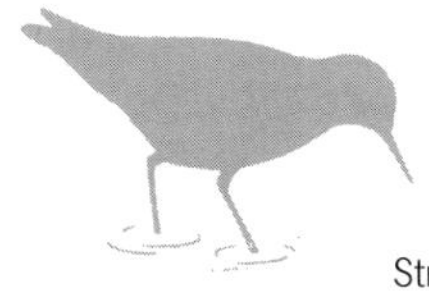

Strandläufer

Raubmöwen sind braune Möwenvögel Nordeuropas, die sich darauf spezialisiert haben, anderen Möwen im Flug die Nahrung abzujagen. Sofern es sich nicht um Vögel im Prachtkleid mit verlängerten mittleren Steuerfedern handelt, ist die sichere Bestimmung oft nur für Spezialisten möglich. Zwei Arten kommen in einer hellen und einer dunklen Morphe vor. Raubmöwen brüten oft in lockeren Kolonien und legen nur 2 Eier. S. 68

Waldschnepfe

Möwen sind elegante, überwiegend weiß und grau gefärbte Flugkünstler, deren Erscheinungsbild jedermann bekannt ist. Da sie fast ausschließlich am Wasser vorkommen, tragen sie Schwimmhäute zwischen den Zehen. Die meisten Arten brüten in oft großen Kolonien am Meer, einige aber auch im Binnenland. Sie legen 2-3 Eier in Bodennester (z.B. Dreizehenmöwen aber an Klippen), die im Dunenkleid schlüpfenden Küken bleiben dort lange Zeit sitzen. Männchen sind meist deutlich größer als Weibchen. In Anpassung an das zunehmende Nahrungsangebot (z.B. Fischereiabfälle, Mülldeponien) haben einige Arten etwas zugenommen. Bis das Alterskleid angelegt wird, vergehen bei den kleinen Arten fast zwei, bei den großen bis zu fünf Jahre. Vorher ist die Bestimmung in vielen Fällen sehr kompliziert und macht oft die Benutzung von ausführlicher Spezialliteratur erforderlich. S. 66-68

Möwe

Seeschwalben unterscheiden sich von den Möwen durch ihre schlankeren Flügel, kleineren Körper, spitzen Schnäbel und meist deutlich gegabelten Schwänze. Die weißen *Sterna*-Arten kommen hauptsächlich an Küsten vor, brüten meist in Kolonien, wo sie 1-3 Eier in Bodenmulden legen und ernähren sich von Fischen und anderen kleinen Wassertieren, die sie aus dem Flug heraus stoßtauchend erbeuten. Dagegen kommen die im Prachtkleid schwärzlichen *Chlidonias*-Arten an Binnengewässern vor, legen ihre schwankenden Nester in der Schwimmblattzone an und picken Kleinlebewesen im niedrigen Suchflug von der Wasseroberfläche auf. S. 68-70

Seeschwalbe

Alke sind Vögel des offenen Meeres, die nur zum Brüten an die Küsten kommen. Mit Ausnahme der Gryllteiste (2 Eier, oft einzeln brütend) bewohnen sie in oft riesigen Kolonien die Vogelfelsen Nordeuropas und legen nur ein Ei, teilweise auf schmale Felsbänder. Bei uns brüten sie nur auf Helgoland. Anhand der Schnabelform sind sie auch im Schlichtkleid leicht unterscheidbar. S. 70

Tordalk

TAUBEN

An ihren kleinen Köpfen, kurzen Schnäbeln und Beinen und kräftigen Körpern sind Tauben leicht erkennbar, ferner an ihren dumpf gurrenden Lautäußerungen. Sie legen 2 weiße Eier in ein frei stehendes, liederlich gebautes Nest, die Küken sind Nesthocker, nur die Hohltaube brütet in Baumhöhlen. Am Halsring lassen sich die Arten gut unterscheiden (fehlt aber im Jugendkleid), außerdem am Grundton des Gefieders und den Flügelbinden. Eine Besonderheit der Tauben ist ihre Fähigkeit, saugend zu trinken und die Küken mit einer selbst produzierten „Kropfmilch" zu füttern. S. 74

Taube

PAPAGEIEN

Eigentlich handelt es sich bei Papageien um Vögel der Südhalbkugel, doch haben entflogene Halsbandsittiche in mehreren Städten Mitteleuropas wachsende Kolonien gegründet. Sie bevorzugen Parks, wo sie ihre 3-6 Eier in Höhlen ausbrüten. S. 74

KUCKUCKE

In der Gestalt erinnern Kuckucke besonders im Flug an kleine Falken. Sie legen ihre Eier in Nester vieler anderer Vogelarten (der Häherkuckuck fast nur in Elsternester).

Kuckuck

Weitere Besonderheiten sind zwei nach vorne und zwei nach hinten weisende Zehen und im Nahrungsspektrum der hohe Anteil behaarter Raupen, die von anderen Vögeln gemieden werden. S. 74

EULEN

Als hauptsächlich in der Dunkelheit aktive Beutegreifer bleiben Eulen dem Vogelbeobachter meist verborgen. An ihren großen, runden, bis zu 270° drehbaren Köpfen mit den nach vorne gerichteten Augen sind sie jedoch leicht kenntlich. Auch wenn der Sperlingskauz nur so groß wie ein Star ist, übertrifft der Uhu sogar noch den Mäusebussard. Entsprechend schwankt die Größe der Beutetiere von Insekten und Regenwürmern über Mäuse und Vögel bis hin zu Jungfüchsen. Die Nahrung wird hauptsächlich über das sehr gute Gehör geortet, wobei der Gesichtsschleier als Schallreflektor dient. Nester werden nicht gebaut, die fast runden, rein weißen Eier werden bei den meisten Arten in Höhlen, bei einigen in alte Krähennester (Waldohreule) oder auf den Boden (Sumpfohreule) gelegt; ihre Anzahl richtet sich stark nach dem verfügbaren Nahrungsangebot. Im Freiland sind keine Alters- oder Geschlechtsunterschiede sichtbar. Größe, Augenfarbe oder das Vorhandensein von Federohren sind zwar wichtige Merkmale, nützlicher ist jedoch die Kenntnis der meist dumpf klingenden Lautäußerungen. Aufgrund anatomischer Besonderheiten werden die **Schleiereulen** von den übrigen Arten als eigene Familie abgetrennt. S. 76

Eule

SCHWALMVÖGEL

Diese Ordnung ist bei uns nur durch die Familie der Nachtschwalben mit einer einzigen Art, dem langgestreckten, rindenfarbigen, falkenartig schmalflügeligen Ziegenmelker vertreten. Mit seinem extrem breiten Schnabel fängt er nachts über offenem Gelände Insekten, die 2 braun gefleckten Eier werden auf den nackten Boden gelegt. S. 74

Ziegenmelker

SEGLER

Diese pfeilschnellen Flieger auf sichelförmigen Flügeln sind nicht etwa mit den Schwalben, sondern mit den Kolibris verwandt. Die 2-3 weißen Eier werden in Höhlen oder Spalten gelegt, die Jungvögel sind Nesthocker, die Geschlechter gleich gefärbt. Segler verbringen fast ihr

Mauersegler

ganzes Leben in der Luft, schlafen dort sogar, können aber kaum laufen und sich nur mit ihren vier nach vorne gerichteten Zehen festklammern. S. 74

RACKENVÖGEL

In diese bunte Ordnung gehören die auf vier hauptsächlich im Süden verbreitete Familien aufgeteilten „fliegenden Edelsteine" unserer Vogelwelt. Sie legen alle 4-8 weiße Eier in (teilweise selbst gegrabene) Höhlen, die Küken sind Nesthocker, die Weibchen wie die Männchen gefärbt. Bis auf den Eisvogel sind alle Arten wärmeliebende Zugvögel.

Eisvögel graben zur Brut eine bis 1 m lange Röhre in Steilwände. Um die Verluste in strengen Wintern auszugleichen, können sie bis zu drei Bruten im Jahr durchführen. Sie ernähren sich von Fischen und anderen Wassertieren, die sie mit dem dolchartigen Schnabel stoßtauchend erbeuten. S. 80

Eisvogel

Spinte sind im südlichen Mitteleuropa durch den farbenprächtigen Bienenfresser mit verlängerten mittleren Steuerfedern vertreten. Wie der Eisvogel legt er Brutröhren an, bildet allerdings meist Kolonien und ernährt sich von im Flug erbeuteten Insekten. S. 80

Bienenfresser

Racken sind dohlengroß, brüten in Baumhöhlen und jagen von einer Warte aus Insekten und kleine Wirbeltiere am Boden. Bei der Flugbalz überschlägt sich das Männchen und läßt die blauen Flügel leuchten. S. 78

Wiedehopfe zeigen zwar kein Blau, sind im schmetterlingsartigen Flug aber nicht weniger bunt. Sie brüten in Baumhöhlen, Erd- oder Mauerlöchern. Mit dem gebogenen Schnabel können sie auch nach Engerlingen stochern. S. 78

Wiedehopf

SPECHTVÖGEL

Um Insekten und deren Larven aus morschem Holz zu klauben, haben Spechte kräftige Meißelschnäbel, weit herausschnellende Zungen, steife Stützschwänze und derbe Klammerzehen entwickelt. Sie legen 4-8 weiße Eier in selbst gezimmerte Baumhöhlen, die Küken sind Nesthocker. Bei der Balz „trommeln" sie auch, indem sie in rascher Folge auf das Holz schlagen. Kennzeichnend ist der Wellenflug. Eine Ausnahme bildet der Wendehals, der als einziger Specht zieht und seine Höhle nicht selber schlägt. Bei der Bestimmung ist auf die Lage und Ausdehnung roter Kopfflecken und weißer Bereiche auf der

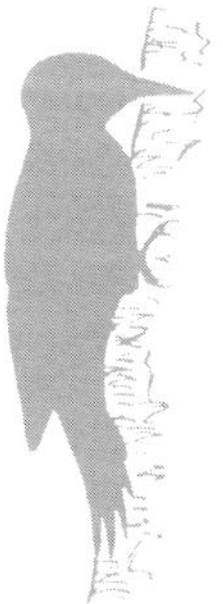

Specht

Oberseite zu achten, Jungvögel sowie die Geschlechter lassen sich meist unterscheiden. S. 78

SINGVÖGEL

Diese sehr große Ordnung, auch als Sperlingsvögel bezeichnet, umfaßt alle übrigen Vogelfamilien, bei uns insgesamt 24! Innerhalb dieser enormen Vielfalt haben sich die verschiedensten Lebensformen ausgebildet: von den vier Gramm leichten Goldhähnchen zum 1,7 Kilogramm schweren Kolkraben, von den einzelgängerischen Schwirlen über die sozialen Schwanzmeisen zu den schwarmbildenden Staren, von der schluchzenden Nachtigall zur krächzenden Krähe, vom Blattläuse fangenden Laubsänger zum Kirschkerne knackenden Kernbeißer, von der am Bachgrund laufenden Wasseramsel über den kopfüber Stämme hinablaufenden Kleiber zur hoch im Himmel jagenden Mehlschwalbe. Dennoch haben sie viele Gemeinsamkeiten, die eine klare Abgrenzung von allen anderen Ordnungen erlauben. Von den vier Zehen sind drei nach vorne und eine nach hinten gerichtet und bilden einen Sitz- oder Klammerfuß, fast alle Arten bauen Nester, die Küken schlüpfen blind und nackt, sind Nesthocker und werden von den Eltern lange gefüttert. Und schließlich haben alle Singvögel einen hoch entwickelten Stimmapparat, mit dem sie melodische, artkennzeichnende, oft auch mit Imitationen durchsetzte Gesänge hervorbringen können. Fast alle Arten sind an Landlebensräume gebunden, die meisten besiedeln höhere Vegetation, Büsche und Bäume.

Innerhalb der Singvögel zeigen die verschiedenen Familien charakteristische Eigenheiten, die eine rasche Zuordnung ermöglichen und mit denen man sich daher vertraut machen sollte. Manche Familien sind sehr klein und bei uns nur durch wenige Arten vertreten (z.B. Zaunkönige, Kleiber), andere wiederum so groß, daß man hier sogar noch deutliche Unterschiede zwischen den Gattungen definieren kann (z.B. bei Drosseln und Zweigsängern). Beim ersten Bestimmungsansatz hilft meist ein Blick auf den Schnabel (hoher Körner- oder dünner Insektenfresserschnabel) und den Körperbau (kräftig oder schlank, eher behäbige oder flinke Bewegungsweise), dann auf Farbverteilung und auffallende Abzeichen, gleichzeitig aber die Wahrnehmung jeder Lautäußerung.

Lerchen leben in offenem Gelände hauptsächlich am Boden und sind unscheinbar braun gefärbt. Sie ernähren sich von Samen, Pflanzenteilen und Wirbellosen. Die Männchen singen im Flug. 3-5 braun gefleckte Eier werden in ein Bodennest gelegt. Von den ähnlichen Piepern sind sie durch robusteren Körperbau, breitere Flügel und kräftigere Schnäbel unterschieden. S. 80

Lerche

Schwalben werden meist beim eleganten Insektenfang in der Luft beobachtet, besitzen schmale Flügel und mehr oder weniger gegabelte Schwänze. Jede Art hat ihre typische Nistweise, teilweise in Kolonien. Vor dem Wegzug sind oft große Trupps auf Leitungsdrähten und Schwärme von Rauch- und Uferschwalben über Schlafplätzen im Schilf zu beobachten. S. 82-84

Rauchschwalbe

Stelzen und **Pieper** sind schlanke Insektenfresser, die offenes Gelände bevorzugenden Pieper unscheinbar braun, die meist in Wassernähe anzutreffenden Stelzen langschwänzig und auffallend gemustert. Die Nester mit 4-7 Eiern stehen am Boden, bei Bach- und Gebirgsstelze auch höher in Halbhöhlen. S. 80-82

Pieper

Seidenschwänze sind in drei Arten auf der Nordhalbkugel verbreitet, doch nur eine besucht uns als skandinavischer Wintergast, ist starengroß mit abstehender Haube und frißt hauptsächlich Beeren. S. 84

Wasseramseln kommen bei uns nur in einer Art vor, deren Silhouette an einen riesigen Zaunkönig erinnert. Sie wohnen an Fließgewässern, wo sie von kleinen Wassertieren leben, legen 4-6 weiße Eier in backofenförmige Moosnester am Ufer und können als einzige Singvögel tauchen. S. 84

Wasseramsel

Zaunkönige lassen sich an der geringen Größe und dem meist gestelzten Schwanz leicht erkennen. Die einzige bei uns vorkommende Art baut ihr kugelförmiges Nest aus alten Blättern mit 4-8 rostfarben gesprenkelten Eiern meist in Bodennähe in dichtem Unterholz. S. 84

Zaunkönig

Braunellen sind so unscheinbar, daß sie leicht für Sperlinge gehalten werden, haben aber feinere Schnäbel und halten sich meist im Unterholz auf. Die 3-6 türkisblauen Eier werden in ein Moosnest in Bodennähe gelegt. Die beiden mitteleuropäischen Braunellen zeichnen sich durch ihr sehr kompliziertes Fortpflanzungssystem aus. S. 84

Drosseln bilden wiederum eine sehr große Familie von kleinen bis mittelgroßen Arten, die alle recht hochbeinig und großäugig sind, meist am Boden hüpfend nach Wirbellosen suchen, überwiegend wohltönende Gesänge vortragen und deren Jungvögel meist gefleckt sind. Die offenen, napfförmigen Halmnester mit 3-8 oft farbig gemusterten Eiern stehen am Boden, in Büschen oder Bäumen. Die großen Drosselarten der Gattung *Turdus* (S. 88) leben überwiegend in Wäldern, Parks und Gärten, einige kleine Arten, zu denen Nachtigall, Blau- und Rotkehlchen gehören, werden häufig zusammenfassend als Erdsänger bezeichnet (S. 84), da sie sich meist in Bodennähe in dichter Vegetation aufhalten. Die beiden Rotschwänze (S. 86) fallen allein schon durch die Färbung ihrer Steuerfedern auf. Eine einheitliche Gruppe bilden auch die Steinschmätzer (S. 86) mit ihren weißen Bürzeln, die offenes Gelände bevorzugen, und die beiden Wiesenschmätzer Braun- und Schwarzkehlchen (S. 86), die gerne auf Warten in Wiesengelände sitzen.

Drossel

Schmätzer

Zweigsänger ernähren sich überwiegend von Insekten und sind daher fast alle Zugvögel. Sie sind klein, oft unscheinbar gefärbt, sehr agil und bewohnen dichte Vegetation, von Schilf über Gebüsch bis zu Bäumen. Für ihre Bestimmung sind daher die Lautäußerungen besonders wichtig. Die meisten Arten bauen gut versteckte Napfnester. Die acht bei uns vorkommenden Gattungen sind jeweils sehr charakteristisch. Hauptsächlich in Südeuropa lebt der Seidensänger in feuchten Dickichten und der Cistensänger in offenem Gelände (S. 90). Schwirle bewohnen bodennahe, dichte Vegetation, gern in Wassernähe, sind kaum einmal zu sehen, machen sich aber besonders nachts durch ihren mechanisch schwirrenden Gesang bemerkbar (S. 90). Rohrsänger lassen sich in oberseits gestreifte und ungestreifte Arten aufteilen, bewohnen Röhricht und andere Pflanzen an Gewässerrändern (Sumpfrohrsänger auch in trockenem Gelände), bauen kunstvolle Napfnester zwischen senkrechte Halme und singen überwiegend sehr rauh (S. 90). Spötter sind für ihre hervorragenden Imitationen anderer Vogelstimmen bekannt, bewohnen Gebüsch und Bäume und fallen durch ihre Kopfform mit langem Schnabel und spitzem Scheitel auf (S. 92). Im Gegensatz zu den anderen Gattungen sind die Geschlechter bei den bunteren Grasmücken meist verschieden gefärbt. Sie bewohnen Gebüsch und offene Wälder und haben oft schöne plaudernde, zwitschernde oder flötende Gesänge (S. 92). Überwiegend grün sind die gebüsch- und baumbewohnenden Laubsänger, die ihre

Rohrsänger

Grasmücke

backofenförmigen Halmnester am Boden anlegen und sich durch ihre Gesänge sehr deutlich unterscheiden (S. 92-94). Unsere kleinsten Vögel sind die sehr agilen Goldhähnchen, deren kugelige Nester aus Moos und Flechten in Wipfeln von Nadelbäumen angelegt werden (S. 94).

Schnäpper sitzen sehr aufrecht, sind klein und darauf spezialisiert, von einer Sitzwarte aus erspähte Insekten im Flug zu erbeuten. Sie brüten in Höhlen oder Halbhöhlen und nehmen gern Nistkästen an. S. 94

Schnäpper

Papageimeisen sind bei uns nur in ausgedehnten Schilfgebieten durch die gesellige, langschwänzige Bartmeise vertreten, deren manchmal hohe Winterverluste durch drei Jahresbruten ausgeglichen werden können. S. 96

Schwanzmeisen leben ganzjährig gesellig in unterholzreichen Wäldern und Gebüsch, sind durch den kleinen Körper mit langem Schwanz unverkennbar und bauen kugelige, mit Flechten getarnte Nester aus Moos und Spinnweben. S. 96

Meisen sind bei uns in sechs Arten ganzjährig zu sehen, turnen auf der Suche nach Samen und Insekten geschickt durch das Gezweig und besuchen gern Futterhäuser. Diese echten Meisen sind im Gegensatz zu den anderen, auch „Meisen" genannten Familien Höhlenbrüter, die ihre Moosnester mit bis zu 16 weißen, rötlich gepunkteten Eiern gerne in Nistkästen anlegen. Nur Hauben- und besonders Weidenmeisen schlagen sich ihre Höhlen auch selbst in morsches Holz. Im Winter schließen sich Meisen gerne zu gemischten Trupps zusammen. S. 96

Meise

Kleiber wirken durch ihre kurzen Schwänze etwas untersetzt. Sie können mit dem Kopf nach unten an Baumstämmen laufen und bauen ihr Nest aus Rindenstückchen in Höhlen, deren Einflugloch mit Lehm auf die eigene Taillenweite verkleinert wird. S. 96

Kleiber

Mauerläufer suchen an Gebirgsfelsen kletternd mit ihrem abwärts gebogenen Schnabel nach Wirbellosen. Weltweit besteht die Familie nur aus dieser einzigen Art. S. 98

Baumläufer, meisenartige, braun gestreifte Vögel, klettern wie kleine Spechte an Baumstämmen und suchen mit dem gebogenen Schnabel in Rindenspalten nach Wirbellosen. Ihre Nester legen sie hinter abstehender Baumrinde an. S. 96

Baumläufer

Beutelmeisen leben in Baumgruppen an Gewässern und bauen an Wollsocken erinnernde Hängenester. Im Gegensatz zu den verwandten Meisen verlassen sie uns im Winter. S. 96

Pirole weben ihr hängendes Nest in eine waagerechte Astgabel. Die drosselgroßen Vögel leben von Wirbellosen und Früchten und sind trotz der leuchtenden Farben selten zu beobachten, da sie in den Baumkronen versteckt bleiben. S. 98

Würger erinnern durch Hakenschnabel und langen Schwanz an kleine Falken, bewohnen offenes Gelände, wo sie von Sitzwarten aus Wirbellose und kleine Wirbeltiere jagen, spießen ihre Beute manchmal auf Dornen, zeigen einen ausgeprägten Wellenflug und legen ihre Nester in dichtem Gebüsch an. S. 98

Würger

Krähen gehören zu den am höchsten entwickelten und intelligentesten Vögeln. Obwohl sie die größten Singvögel sind, geben sie eher rauhe als melodische Töne von sich. Viele der tauben- bis bussardgroßen Arten sind schwarz oder kaum gemustert, der Eichelhäher ist aber sehr bunt; die Geschlechter sind identisch gefärbt. Alle haben kräftige Füße und derbe Schnäbel und fressen fast alles. Die meist aus Reisig gebauten Nester enthalten 3-7 auf blaugrünem Grund gefleckte Eier. Die Arten dieser besonders erfolgreichen Vogelfamilie verteilen sich auf alle Lebensräume, vom Hochgebirge bis in die Innenstädte, einige sind sehr gesellig. S. 98-100

Krähe

Stare unterscheiden sich sofort von den ähnlichen Drosseln durch ihre Kurzschwänzigkeit, die trippelnde statt hüpfende Fortbewegung und ihren sehr abwechslungsreichen, plaudernden, mit Pfiffen und Imitationen durchsetzten Gesang. Sie legen ihre 4-6 weißen Eier in Höhlen und ernähren sich von Wirbellosen, Beeren und Früchten. Besonders außerhalb der Brutzeit treten sie in großen Schwärmen auf, die gemeinsam in Schilf oder Bäumen übernachten. S. 88

Star

Sperlinge tragen die kräftigen Schnäbel von Körnerfressern, sind unscheinbar gefärbt und fallen auch nicht durch besondere Stimmbegabung auf. Sie legen 3-7 gefleckte Eier in Höhlen, auch in Nistkästen. Meist trifft man sie in Gruppen an, in Städten die Haussperlinge, in Dörfern und der freien Landschaft auch Feldsperlinge. S. 100

Finken zeigen den kegelförmigen Körnerfresserschnabel in den verschiedensten Variationen, klein beim

Girlitz, kurz beim Gimpel, lang beim Stieglitz, gewaltig beim Kernbeißer und gekreuzt bei Kreuzschnäbeln, jeweils in Anpassung an die besondere Art des Nahrungserwerbs. Von Ödland über Gärten bis in Wälder kommen sie überall vor, wo es die entsprechenden Sämereien gibt. Bei den meisten Arten lassen sich die Geschlechter unterscheiden, oft tragen die Männchen trillernde Gesänge vor, teilweise im Flug. Die offenen Halmnester mit 3-6 gefleckten Eiern stehen in Büschen oder Bäumen. Bei der Bestimmung im Flug liefern Flügel- und Schwanzmuster eindeutige Merkmale (s. vordere innere Umschlagseite). Die meisten Arten sind auch im Winter bei uns zu beobachten, teilweise auch am Futterhaus, der Fichtenkreuzschnabel brütet als einziger heimischer Vogel sogar im Winter. S. 100-102

Fink

Ammern ernähren sich gleichfalls vorwiegend von Sämereien, haben also Körnerfresserschnäbel, bewohnen aber fast ausschließlich offenes Gelände, wo sie ihre 3-6 mit Schnörkeln verzierten Eier in Bodennestern verbergen. Weibchen sind meist brauner als die oft von erhöhten Warten aus etwas melancholisch oder monoton singenden Männchen. S. 104

Ammer

Hinweise zum Bestimmungsteil

FARBTAFELN

Sieht man einen zunächst unbekannten Vogel, wird man versuchen, durch Blättern in den Farbtafeln eine Abbildung zu entdecken, die ihm am ähnlichsten sieht. Wenn man sich zuvor mit den allgemeinen Merkmalen der Ordnungen und Familien vertraut gemacht hat, kann man gleich etwas gezielter suchen. Die Arten sind meist in systematischer Reihenfolge behandelt, doch wurden in einigen Fällen zwar nicht näher verwandte, aber einander ähnelnde Familien nebeneinander gestellt, um eine bessere Vergleichbarkeit zu ermöglichen (z.B. Lerchen und Pieper, Drosseln und Stare). Innerhalb einer Gattung finden sich die in Mitteleuropa häufigen Arten meist zu Beginn, während die seltenen Gäste an den Schluß gestellt wurden.

Die Tafeln zeigen die Vögel in den bei uns am häufigsten zu sehenden Kleidern. Sofern sich Geschlechts- oder Altersunterschiede erkennen lassen, sind diese dargestellt und genauer bezeichnet. Dabei wurden folgende Abkürzungen benutzt:

♂	Männchen
♀	Weibchen
PK	Prachtkleid
SK	Schlichtkleid
JK	Jugendkleid
1. Winter	erstes Winterkleid
1. Sommer	erstes Sommerkleid

Pfeile machen auf kennzeichnende Besonderheiten im Vergleich zu ähnlichen Arten aufmerksam und erleichtern es, die wichtigsten Kennzeichen rasch zu erfassen. Unter jeder Abbildung steht eine **Zahl**, die zum die jeweilige Vogelart betreffenden Text auf der gegenüberliegenden Seite führt.

TEXT

Im Text findet sich hinter der Abbildungsnummer dann der **Name** des betreffenden Vogels, gefolgt von seiner kursiv gedruckten *wissenschaftlichen Bezeichnung.*

Mit **G** abgekürzt wurde die Angabe zur **Größe** des Vogels. Sie wird von der Schnabel- bis zur Schwanzspitze gemessen. Bei größeren Arten, die auch häufiger im Flug zu sehen sind, ist zusätzlich die mit **Sp** abgekürzte Flügelspannweite angegeben. Grundsätzlich sollte man mit Größenangaben bei der Vogelbestimmung sehr vorsichtig umgehen. Einerseits gibt es eine erhebliche Variation und sind die Geschlechter oft unterschiedlich groß, andererseits ist es ohne direkten Vergleich oft kaum möglich, die tatsächliche Größe eines Vogels einzuschätzen. Einige Vergleichswerte für häufigere Vogelarten sind auf dem hinteren Umschlag aufgelistet.

Der Buchstabe **K** leitet die Angaben zu den **Kennzeichen** ein. Da sie meist aus den Abbildungen bereits ersichtlich sind, werden sie nur knapp und oft im Vergleich zu den ähnlichen Arten zusammengefaßt. Ferner wird auf Unterschiede zwischen den Kleidern oder aus der Illustration nicht ersichtliche Merkmale hingewiesen. Weitere für die Bestimmung nützliche Kennzeichen, z.B. typische Verhaltensweisen, werden erwähnt.

Ein **S** leitet die Informationen zur **Stimme** ein. Bei Arten, deren Gesang bei uns zu hören ist, wird dieser zuerst beschrieben, bei Gästen und Durchzüglern sind meist nur die auch außerhalb der Brutzeit geäußerten Rufe genannt. Für unsere häufigsten Arten sind die Stimmen am Schluß des Buches noch einmal ausführlicher dargestellt und sollten dort nachgelesen werden. Arten ohne Bemerkung zur Stimme sind in Mitteleuropa meist stumm.

Die durch **L** gekennzeichneten Informationen betreffen den **Lebensraum**. Sofern dort mehrere Angaben stehen, beziehen sich die ersten meist auf den Brutplatz, die letzten auf die Zugzeit oder den Winter. Grundsätzlich können viele Zugvögel im Frühjahr und Herbst aber zumindest kurzzeitig in nahezu jedem Lebensraum rastend angetroffen werden. Bei Vogelarten, die nicht in den deutschsprachigen Ländern brüten, wird hier oder in der folgenden Rubrik angegeben, in welcher Region der Erde sie beheimatet sind.

Die letzten, mit **V** gekennzeichneten Informationen betreffen das **Vorkommen**. Der durch Kennbuchstaben dargestellte Status bezieht sich ausschließlich auf Deutschland. In fast allen Fällen gilt er aber auch für Österreich und die Schweiz, manchmal wurden für diese Länder Ergänzungen oder Einschränkungen gemacht. Die Kennbuchstaben, oft in Kombination benutzt, bedeuten:

B weit verbreiteter Brutvogel, der in geeigneten Lebensräumen fast überall zu finden ist
b seltener oder lokaler Brutvogel, entweder nur in bestimmten, dann auch angegebenen Regionen oder auf seltene Lebensraumtypen beschränkt
Z Zugvogel bzw. häufiger Durchzügler
z seltener Zugvogel oder Durchzügler in geringer Zahl
W häufiger Wintergast in geeigneten Lebensräumen
w seltener Wintergast oder Überwinterer, oft nur in bestimmten Regionen
J Jahresvogel, der ganzjährig im passenden Lebensraum gesehen werden kann
j allgemein seltener oder auf bestimmte Regionen beschränkter Jahresvogel
A Ausnahmeerscheinung, die nicht alljährlich und nur in sehr geringer Zahl aus oft weit entfernten Regionen in Deutschland erscheint

Bei **Zugvögeln** ist durch die Zahlenabkürzung der Monate der **Zeitraum** angegeben, in dem sie normalerweise in Mitteleuropa zu sehen sind.

Bei der Bestimmung sollte man alle Angaben miteinander vergleichen. Wenn viele Details nicht mit dem beobachteten Vogel übereinstimmen, hat man wahrscheinlich einen Fehler gemacht und sollte versuchen, eine besser passende Beschreibung zu finden. Es geschieht aber immer wieder, daß man zu keinem eindeutigen Ergebnis kommen kann, meist allein schon, weil wir den Vogel aus den Augen verloren haben, bevor wir alle nötigen Merkmale gesehen haben. Vögel sind nun einmal keine Blumen, Sterne oder Muscheln, die man beliebig lange betrachten kann, sondern sehr mobile und quicklebendige Wesen. Da es aber besser ist, etwas nicht zu bestimmen, als ihm einen falschen Namen zu geben, wird die Antwort auf die Frage „Was fliegt denn da?“ besonders am Anfang häufig lauten: „Ich weiß es nicht...“

Bestimmungsteil

ABKÜRZUNGEN UND SYMBOLE
(nähere Erläuterungen im Einführungstext)

Textabkürzungen

G	Größe
Sp	Spannweite
K	Kennzeichen
S	Stimme
L	Lebensraum
V	Vorkommen

Statusangaben

B/b	häufiger/seltener Brutvogel
J/j	häufiger/seltener Jahresvogel
Z/z	häufiger/seltener Zugvogel
W/w	häufiger/seltener Wintergast
A	Ausnahmeerscheinung
1-12	Monate des Auftretens

Tafellegenden

♂	Männchen
♀	Weibchen
PK	Prachtkleid
SK	Schlichtkleid
JK	Jugendkleid

Die roten Pfeile in den Farbtafeln weisen auf wichtige Kennzeichen hin.

SEETAUCHER

1 Sterntaucher *Gavia stellata* **G** 55-65 cm **K** Aufgeworfener Schnabel und Kopf meist angehoben, insgesamt hell, Kehle im PK ziegelrot, im SK über Auge weiß, Oberseite weiß gesprenkelt. **L** Nordeuropäischer Brutvogel, Meeresküste, Binnenseen. **V** zw 10-4.

2 Prachttaucher *Gavia arctica* **G** 60-70 cm **K** Kopf und pfriemförmiger Schnabel waagerecht gehalten, Kehle im PK schwarz, im SK über Auge dunkel, weißer Flankenfleck, Oberseite dunkel. **L** Nordeuropäischer Brutvogel, Meer, Binnenseen. **V** zw 8-5.

3 Eistaucher *Gavia immer* **G** 70-90 cm **K** Größer als 2, im PK weißes Halsband, im SK heller Augenring, großer, dolchförmiger Schnabel dunkel, angedeuteter Halsring. **L** Seen in Island und Nordamerika, Meer, selten Binnenland. **V** A.

4 Gelbschnabeltaucher *Gavia adamsii* **G** 75-100 cm **K** Ähnlich 3, aber Schnabel gelb, schräg aufwärts gehalten („Banane“), im SK heller. **L** Sibirische Tundra, Meer und Seen. **V** A .

LAPPENTAUCHER

5 Haubentaucher *Podiceps cristatus* **G** 50 cm **K** Schlank, Haube, weißer Hals, im SK nur schwarze Kopfplatte, Schnabel rosa; auffallende Paarbalz. **S** Rauh „korrr“, gackernd „äck-äck-äck“. **L** Binnengewässer, im Winter auch Meer. **V** BJ.

6 Rothalstaucher *Podiceps grisegena* **G** 45 cm **K** Roter Hals und weiße Wangen im PK, Schnabelbasis im SK gelb. **S** Wiehernd „uaah-ek“. **L** Verschilfte Binnengewässer, im Winter meist Meer. **V** bJW.

7 Ohrentaucher *Podiceps auritus* **G** 35 cm **K** Im PK gelbe, aufgerichtete Ohrbüschel, roter Vorderhals, im SK weiße Wange von schwarzem Scheitel scharf getrennt, Schnabel gerade. **S** Langer Triller, „hjarr“. **L** Verschilfte Teiche in Nordost-Europa, im Winter alle Gewässer. **V** b (vereinzelt Schleswig-Holstein), zw 9-5.

8 Schwarzhalstaucher *Podiceps nigricollis* **G** 32 cm **K** Im PK schwarzer Hals, herabhängende gelbe Ohrbüschel, im SK Kopfzeichnung verwaschener als 7, Schnabel aufgeworfen; Koloniebrüter. **S** Ruft „ürr-id“. **L** Flache Seen, im Winter alle Gewässer. **V** bZw.

9 Zwergtaucher *Tachybaptus ruficollis* **G** 26 cm **K** Klein wie Entenküken, im PK Hals kastanienbraun, im SK insgesamt kontrastarm bräunlich. **S** Bibbernder Triller und „bii-biib“. **L** Dicht bewachsene Gewässer, im Winter auch Flüsse. **V** BJ.

RÖHRENNASEN

10 Eissturmvogel *Fulmarus glacialis* **G** 45 cm , Sp 105 cm **K** Ähnlich Möwe, aber graue Flügel ohne schwarze Spitze, Stiernacken, gleitet auf steifen Schwingen. **S** Gackernd. **L** Nordeuropäischer Meeresvogel, brütet an Klippen. **V** b (nur Helgoland), J.

11 Dunkler Sturmtaucher *Puffinus griseus* **G** 45 cm, Sp 100 cm. **K** Einfarbig dunkelbraun, gleitet auf schlanken, spitzen Flügeln über Wellen. **L** Südatlantik. **V** z (nur Nordsee) 8-11.

12 Großer Sturmtaucher *Puffinus gravis* **G** 48 cm, Sp 110 cm **K** Ähnlich 12, aber schwarze Kappe, weiße Schwanzbasis, dunkler Bauchfleck. **L** Südatlantik, offenes Meer. **V** A.

13 Gelbschnabel-Sturmtaucher *Calonectris diomedea* **G** 50 cm, Sp 115 cm **K** Oberseite fahl braun, Bauch weißlich, gelber Schnabel. **L** Mittelmeer, offenes Meer. **V** A.

PK
SK
SK
PK
JK
PK
1
2
3
JK
PK
JK
PK
SK
PK
4
5
6
PK
SK
SK
PK
PK
SK
7
8
9
10
11
12
13

1 Schwarzschnabel-Sturmtaucher *Puffinus puffinus* **G** 32 cm, Sp 80 cm **K** Kontrastreich oben schwärzlich, unten weißlich; abwechselnd Schlag- und Gleitflug über Wellen. **L** Nordwesteuropäische Küsten, offenes Meer. **V** z 4-9 (Nordsee).

2 Mittelmeer-Sturmtaucher *Puffinus mauretanicus* **G** 34 cm, Sp 84 cm **K** Wie 1, aber insgesamt bräunlicher, weniger kontrastreich. **L** Mittelmeer, offene See. **V** A.

3 Wellenläufer *Oceanodroma leucorhoa* **G** 20 cm, Sp 46 cm **K** Ruckartiger Flug, helles Flügelfeld, weißer Oberschwanz dunkel längsgeteilt. **L** Nordwest-europäische Küsten, offenes Meer. **V** z 10-11 (Nordsee).

4 Sturmschwalbe *Hydrobates pelagicus* **G** 15 cm, Sp 37 cm **K** Ähnlich 3, aber viel kleiner, dunkler, helles Band auf Unterflügel, weißer Bürzel ungeteilt, erinnert an Mehlschwalbe. **L** Nordwest-europäische Küsten, offenes Meer. **V** A nach Herbststürmen (Nordsee).

RUDERFÜSSER

5 Kormoran *Phalacrocorax carbo* **G** 90 cm, Sp 145 cm **K** Groß, dunkel, nur im PK mit weißen Abzeichen an Kopf und Schenkel, Jungvögel braun mit meist hellerer Unterseite; schwimmt tiefliegend mit angehobenem Kopf, steht oft mit ausgebreiteten Flügeln, zieht in Keilformation. **S** Gackernd. **L** Binnengewässer und Meer. **V** BZW.

6 Krähenscharbe *Phalacrocorax aristotelis* **G** 75 cm, Sp 100 cm **K** Kleiner als 5, im PK grün schillernd, Federtolle auf Stirn. **L** Felsige Meeresküsten Nordeuropas und des Mittelmeeres. **V** A (Nordsee).

7 Zwergscharbe *Phalacrocorax pygmeus* **G** 50 cm, Sp 85 cm **K** Viel kleiner als 5, braun, langer Schwanz, wirkt stupsnasig. **L** Binnengewässer in Südost-Europa, selten. **V** A.

8 Baßtölpel *Sula bassana* **G** 95 cm, Sp 175 cm **K** Groß, weiß, schwarze Flügelspitze, stößt jagend hoch aus der Luft ins Wasser, Jungvögel braun, bekommen innerhalb von 5 Jahren immer mehr weiße Federn. **L** Offenes Meer. **V** b (nur Helgoland), zw (Nordsee).

9 Rosapelikan *Pelecanus onocrotalus* **G** 160 cm, Sp 300 cm **K** Schwanengroß, weiß mit schwarzem Flügelhinterrand, großer Schnabel mit Kehlsack. **L** Seen und Küsten Südost-Europas, selten. **V** A oder Zooflüchtling.

10 Krauskopfpelikan *Pelecanus crispus* **G** 170 cm, Sp 320 cm **K** Ähnlich 9, aber grauer, Flügel ohne Kontrast, Beine grau statt rosa. **L** Binnenseen und Küsten Südost-Europas, sehr selten. **V** A oder Zooflüchtling.

SCHREITVÖGEL: REIHER, IBISSE, STÖRCHE

11 Rohrdommel *Botaurus stellaris* **G** 75 cm, Sp 130 cm **K** Groß, braun marmoriert und gestreift, lebt versteckt im Schilf; bei Gefahr unbewegliche, aufrechte Pfahlstellung. **S** Nachts tief „wuumb", im eulenartigen Flug rauh „kau". **L** Ausgedehnte Schilfgebiete. **V** bzw.

12 Zwergdommel *Ixobrychus minutus* **G** 35 cm, Sp 55 cm **K** Viel kleiner als 11, Oberseite dunkel mit hellem Flügelfeld, nur Jungvögel wie 11 gefleckt. **S** Rhythmisch tropfend dumpf „kruck", ruft nasal „keckeckeck". **L** Vegetationsreiche Teiche. **V** bz 5-9, stark abnehmend.

13 Nachtreiher *Nycticorax nycticorax* **G** 62 cm, Sp 110 cm **K** Kleiner, schwarz-grauer Reiher, Jungvögel ähnlich 11, aber mit weißen Tropfenflecken. **S** Froschartig „kwack". **L** Auwälder, vegetationsreiche Gewässer. **V** b (Süden), z 4-10.

1
2
3
4
PK
JK
5
SK
JK
PK
6
PK
7
JK
8
9
JK
10
JK
11
♂
12
♀
♂
13
JK
PK

1 Graureiher *Ardea cinerea* **G** 95 cm, Sp 185 cm **K** Häufigster Reiher, grau und schwarz.; Flug rudernd auf breiten, nach unten durchgebogenen, abgerundeten Flügeln, wie alle Reiher mit S-förmig eingezogenem Hals. **S** Heiser krächzend „krark". **L** Feuchtgebiete, Felder; Brutkolonien auf Bäumen. **V** BJ.

2 Purpurreiher *Ardea purpurea* **G** 85 cm, Sp 135 cm **K** Kleiner und dunkler als 1, rostbraun, Jungvögel blasser und ohne Längsstreifung. **S** Höher als 1 „härr". **L** Feuchtgebiete mit dichter Vegetation, Schilf. **V** b in Süddeutschland, z 4-10, häufig Neusiedlersee.

3 Silberreiher *Egretta alba* **G** 95 cm, Sp 155 cm **K** Groß, ganz weiß, Schnabel gelb (nur PK dunkle Spitze), Beine ganz dunkel. **S** Hölzern „krr-rra". **L** Brütet in Schilf, sonst Feuchtgebiete. **V** zw, aber B am Neusiedlersee.

4 Seidenreiher *Egretta garzetta* **G** 60 cm, Sp 90 cm **K** Ganz weiß, grazil, Schnabel und Beine schwarz, Zehen gelb. **S** Rauh „kschar". **L** Feuchtgebiete in Südeuropa. **V** z 5-9, ausnahmsweise b in Süddeutschland.

5 Rallenreiher *Ardeola ralloides* **G** 45 cm, Sp 85 cm **K** Klein, gelbbraun, aber im Flug weiße Flügel dominierend, Hals der Jungvögel längs gestreift; lebt versteckt. **S** Entenähnlich „krar". **L** Vegetationsreiche Binnengewässer Südeuropas. **V** A.

6 Kuhreiher *Bubulcus ibis* **G** 50 cm, Sp 92 cm **K** Klein, kurzer Schnabel, im SK ganz weiß, im PK Scheitel, Brust und Mantel gelbbraun; gern zwischen Weidevieh. **S** Krächzend „ark". **L** Gewässer, auch trockenes Gelände, hauptsächlich Südwest-Europa, in Ausbreitung. **V** A, aber bj in einigen freifliegenden Zoo-Kolonien.

7 Löffler *Platalea leucorodia* **G** 85 cm, Sp 125 cm **K** Groß, weiß, löffelartiger Schnabel, fliegt mit ausgestrecktem Hals, Jungvögel mit schwarzer Flügelspitze. **L** Flache Gewässer in Südeuropa und den Niederlanden. **V** Ausnahmsweise b (Nordseeküste; aber regelmäßig Neusiedlersee), sonst z 3-10.

8 Sichler *Plegadis falcinellus* **G** 60 cm, Sp 90 cm **K** Ganz dunkel, langer, abwärts gebogener Schnabel. **S** Knurrend und krächzend „kra". **L** Feuchtgebiete Südost-Europas. **V** A.

9 Schwarzstorch *Ciconia nigra* **G** 100 cm, Sp 155 cm **K** Ähnlich 10, aber scheuer, bis auf weißen Bauch ganz schwarz, Schnabel und Beine der Jungvögel grünlich. **S** Am Nest „hi-lih", klappert selten. **L** Wälder, Feuchtgebiete; Baumbrüter. **V** BZ 3-9.

10 Weißstorch *Ciconia ciconia* **G** 110 cm, Sp 165 cm **K** Groß, schwarzweiß, unverkennbar; fliegt mit ausgestrecktem Hals, Zugtrupps ungeordnet. **S** Schnabelklappern. **L** Feuchtgebiete, Wiesen; brütet gern auf Gebäuden. **V** BZ 3-8.

FLAMINGOS

11 Rosaflamingo *Phoenicopterus ruber* **G** 135 cm, Sp 155 cm **K** Groß, grazil, rosa, Beine rötlich, Schnabel rosa mit schwarzer Spitze, Jungvögel blasser. **S** Ruft gänseähnlich „gaang-ang". **L** Lagunen und Salinen in Südwest-Europa (Camargue). **V** A, meist Zooflüchtlinge, solche auch b in Westfalen.

12 Chileflamingo *Phoenicopterus chilensis* **G** 105 cm, Sp 135 cm **K** Kleiner und blasser als 11, mehr Schwarz an Schnabelspitze, Beine grünlich mit roten Gelenken. **L** Gewässer, oft salzig. **V** Zooflüchtling, als solcher b in Westfalen, Heimat Südamerika.

13 Zwergflamingo *Phoenicopterus minor* **G** 85 cm, Sp 100 cm **K** Viel kleiner als 11, intensiver dunkelrosa, Schnabel fast ganz schwarz. **L** Salzseen. **V** Zooflüchtling, Heimat Afrika.

1
2
PK
SK/JK
3
4
5
6
7
8
9
10
JK
11
12
13

1 Höckerschwan *Cygnus olor* **G** 150 cm, Sp 220 cm **K** Groß, weiß, Schnabel rot mit schwarzem Höcker, Flügel oft angehoben, Hals oft S-förmig gehalten, Jungvögel anfangs noch graubraun. **S** Leises Schnarchen, wummerndes Fluggeräusch. **L** Gewässer. **V** BJW.

2 Singschwan *Cygnus cygnus* **G** 150 cm, Sp 230 cm **K** Ähnlich 1, doch Schnabel schwarz mit großem, gelbem Keil, Hals gerade. **S** Nasal trompetend „hup-hup-hup". **L** Brutvogel Nordeuropas, im Winter Gewässer, Wiesen. **V** b (Brandenburg), ZW 10-4.

3 Zwergschwan *Cygnus columbianus* **G** 125 cm, Sp 195 cm **K** Kleiner als 2, gelber Schnabelfleck stumpf endend, Hals kürzer, Gestalt gänseähnlich. **S** Höher als 2 „guhg", „hög-hög". **L** Brütet in arktischer Tundra, im Winter Gewässer, Feuchtwiesen. **V** zw 10-4.

4 Graugans *Anser anser* **G** 80 cm, Sp 165 cm **K** Groß, grau, Beine rosa (bei östl. Unterart auch Schnabel), Schnabel orange, Ober- und Unterflügel zweifarbig. **S** Wie Hausgans, ordinär „gahng-ang-ang". **L** Gewässer, Feuchtgebiete, Wiesen. **V** BJZW.

5 Saatgans *Anser fabalis* **G** 75 cm, Sp 160 cm **K** Graubraun, Beine orange, Binde des schwarzen Schnabels schmal orange (bei seltener, größerer Unterart breit). **S** Fagottartig „ahng", ruffaul. **L** Tundra und Taiga Nordost-Europas und Asiens, Gewässer, Felder. **V** ZW 9-4.

6 Kurzschnabelgans *Anser brachyrhynchus* **G** 70 cm, Sp 150 cm **K** Kleiner als 5, Schnabelbinde und Beine rosa, Oberseite silbergrau, heller als dunkle Hinterflanke, mehr Weiß im Schwanz. **S** Hoch „uink-uink". **L** Brütet auf Island und Spitzbergen, im Winter küstennahe Wiesen. **V** z 10-3, nur Nordsee.

7 Bläßgans *Anser albifrons* **G** 70 cm, Sp 150 cm **K** Beine orange, Schnabel rosa, weiße Stirn, schwarze Bauchbänderung, weiße Stirn der Jungvögel erscheint im ersten Winter. **S** Musikalisch „kju-ju", auch „ki-lik". **L** Brütet in sibirischer Tundra, Gewässer, Wiesen. **V** ZW 10-4.

8 Zwerggans *Anser erythropus* **G** 60 cm, Sp 130 cm **K** Ähnlich 7, aber kleiner, mehr Weiß auf Stirn, gelber Lidring. **S** Sehr hoch „küjü". **L** Brutvogel Lapplands, Gewässer, Wiesen. **V** A.

9 Schneegans *Anser caerulescens* **G** 70 cm, Sp 150 cm **K** Ganz weiß mit schwarzer Flügelspitze, Schnabel und Beine rosa; seltene dunkle Morphe grau mit weißem Kopf. **S** Schrill „kiäh". **L** Gewässer, Wiesen. **V** A aus Nordamerika, meist Zooflüchtling.

10 Streifengans *Anser indicus* **G** 75 cm, Sp 150 cm **K** Grau, weißer Kopf mit zwei dunklen Nackenbinden, Hals längsgestreift. **L** Seen, Wiesen. **V** j, Zooflüchtling, Heimat Himalaja.

11 Kanadagans *Branta canadensis* **G** 95 cm, Sp 175 cm **K** Groß, graubraun, Kopf und Hals schwarz mit weißem Kinnfeld. **S** Gellend „ah-hong". **L** Gewässer. **V** bjw, vielerorts ausgesetzt, Heimat Amerika.

12 Ringelgans *Branta bernicla* **G** 60 cm, Sp 120 cm **K** Klein, schwarzweiß, weißer Halsring, Bauch dunkel (bei grönländischen Vögeln hell). **S** Gedämpft „rrott". **L** Brütet in Nordsibirien, Grönland und Spitzbergen, Meeresküsten. **V** ZW 9-5 (nur Küsten).

13 Weißwangengans *Branta leucopsis* **G** 65 cm, Sp, 140 cm **K** Schwarzweiß, weißer Kopf mit schwarzem Scheitel, Bauch weiß. **S** Bellend „kak". **L** Brütet in Grönland, Spitzbergen und Nowaja Semlja, Wiesen in Küstennähe. **V** b (selten Schleswig-Holstein), ZW 10-5 (Küsten).

14 Rothalsgans *Branta ruficollis* **G** 55 cm, Sp 120 cm **K** Kastanienbraune Kopf-, Hals- und Brustfärbung, breit weißer Flankenstreif, kleiner, markant gemusterter Kopf auf dickem Hals. **S** Schrill „ki-ak". **L** Wiesen. **V** A aus sibirischer Arktis und Zooflüchtling.

1
2
JK
3
JK
4
5
6
8
7
9
10
11
12
13
14

1 Brandgans *Tadorna tadorna* **G** 65 cm, Sp 120 cm **K** Dunkler Kopf, zimtbraunes Brustband, roter Schnabel bei ♂ mit Höcker; Jungvögel weiß, oberseits schmutzig braun. **S** Pfeifende Balzlaute und gackernd „gägägägägä". **L** Küste, Watt, lokal auch Flußniederungen und Seen. **V** BJZ.

2 Rostgans *Tadorna ferruginea* **G** 65 cm, Sp 120 cm **K** Zimtbraun, Kopf heller, ♂ mit schwarzem Halsband. **S** „Gag-ag" und dumpf „aauh". **L** Seen und Küsten Südost-Europas. **V** Bei uns als Gefangenschaftsflüchtling bj.

3 Nilgans *Alopochen aegyptiacus* **G** 70 cm, Sp 145 cm **K** Schmutzig graubraun, dunkler Augenfleck, Schnabel und Beine rosa. **L** Flüsse, Seen, Parkteiche. **V** Als Flüchtling bj, besonders im Westen, Heimat Afrika.

4 Stockente *Anas platyrhynchos* **G** 56 cm, Sp 95 cm. **K** Häufigste, bekannteste und größte Ente, Spiegel blau; durch Kreuzung mit Hausenten oft Farbabweichungen. **S** Balzt „piu", ruft „rhääb-rhäb-rhäb". **L** Gewässer aller Art. **V** BJZW.

5 Schnatterente *Anas strepera* **G** 50 cm, Sp 90 cm **K** Spiegel weiß, ♂ grau meliert mit schwarzem „Heck", ♀ kleiner als 4, weißer Bauch. **S** Hölzern „errp". **L** Bewachsene Teiche, Seen. **V** BZw.

6 Krickente *Anas crecca* **G** 35 cm, Sp 60 cm **K** Klein, Spiegel grün mit breiter, weißer vorderer Begrenzung, ♀ mit weißem Heckstrich und ungemustertem Kopf. **S** Hell „krick". **L** Teiche, alle Gewässer. **V** BJW.

7 Knäkente *Anas querquedula* **G** 40 cm, Sp 62 cm **K** Grüner Spiegel mit breit weißem Hinterrand, Vorderflügel hell, ♀ mit deutlicherer Kopfstreifung als 6. **S** Hölzern „krrrrk". **L** Teiche, Seen, Feuchtwiesen. **V** BZ 3-9.

8 Pfeifente *Anas penelope* **G** 48 cm, Sp 80 cm **K** Spiegel schwarzgrün, Vorderflügel hell, runder Kopf mit grauem Schnabel, Bauch weiß. ♂ mit gelber Stirn; grast viel an Land. **S** Pfeifend „wi-u". **L** Seen, überschwemmte Wiesen. **V** bZW.

9 Spießente *Anas acuta* **G** ♂ 70 cm, ♀ 55 cm, Sp 90 cm **K** Spiegel düster grünbraun, schlanker Hals, Schwanz auch beim ♀ deutlich zugespitzt. **S** Weich „krü". **L** Seen, Überschwemmungsgebiete. **V** bZw.

10 Löffelente *Anas clypeata* **G** 50 cm, Sp 78 cm **K** Spiegel grün, Vorderflügel blaugrau, dunkler Bauch, breiter Löffelschnabel. **S** Nasal „wek-ek". **L** Teiche, Seen. **V** BZ 3-11.

11 Mandarinente *Aix galericulata* **G** 45 cm, Sp 70 cm **K** ♂ sehr bunt, mit „Segel", ♀ graubraun, gefleckte Flanken, weißer „Lidstrich" hinter Auge, Schnabelbasis gerade. **L** Wald- und Parkteiche. **V** bj, stellenweise eingebürgert, Heimat Ostasien.

12 Brautente *Aix sponsa* **G** 47 cm, Sp 70 cm **K** ♂ bunt, ♀ ähnlich 11, aber dunkler braungrau, weißer Augenfleck, Schnabelbasis konkav. **L** Wald- und Parkteiche. **V** bj, stellenweise eingebürgert, Heimat Nordamerika.

13 Weißkopf-Ruderente *Oxyura leucocephala* **G** 45 cm, Sp 65 cm **K** Kupferbraun, Schwanz oft steil aufgerichtet, ♂ mit weißen Kopfseiten und riesigem blauem Schnabel, ♀ mit dunklem Schnabel und Wangenstreif; taucht viel. **L** Süß- und Brackwasserteiche in Südeuropa, sehr selten. **V** A.

14 Schwarzkopf-Ruderente *Oxyura jamaicensis* **G** 40 cm, Sp 58 cm **K** Ähnlich 13, aber kleiner, ♂ mit schlankerem Schnabel, weißem Unterschwanz, mehr Schwarz am Kopf, ♀ mit schwächerer Kopfzeichnung. **L** Teiche. **V** A oder Zooflüchtling, in England eingebürgert, Heimat Amerika.

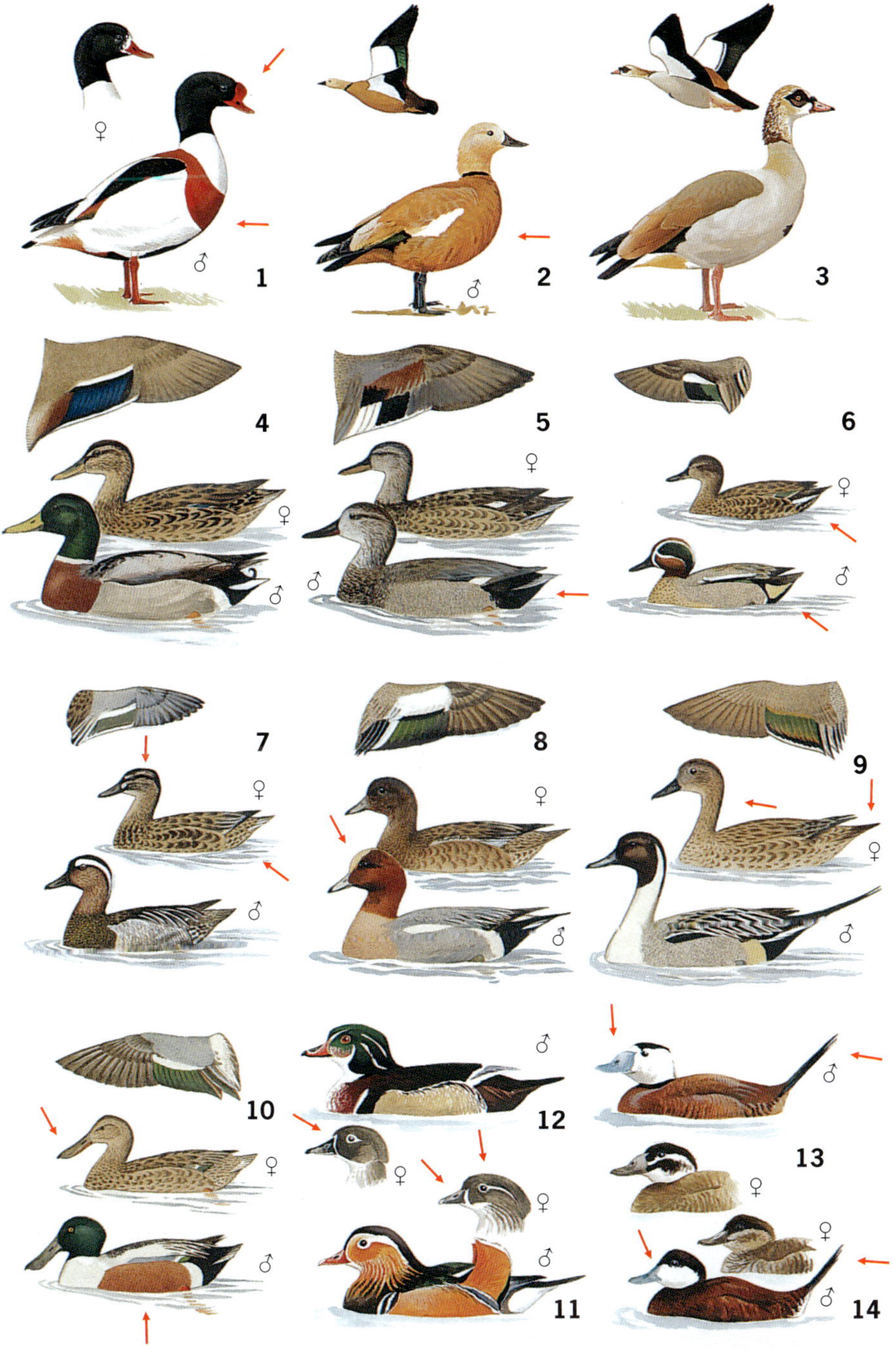
1
2
3
4
5
6
7
8
9
10
12
13
11
14

1 Kolbenente *Netta rufina* **G** 55 cm, Sp 85 cm **K** ♂ ähnlich 2, aber größer, großer Kopf fuchsbraun, Schnabel rot, ♀ helle Kopfseiten und rote Schnabelbinde. **S** Niesend „gick". **L** Vegetationsreiche Gewässer. **V** bz 3-11.

2 Tafelente *Aythya ferina* **G** 45 cm, Sp 78 cm **K** Kopf rotbraun, Körper überwiegend grau, ♀ insgesamt einfarbig graubraun; Flügelstreif unauffällig. **S** Dünn pfeifend „pi pi". **L** Binnengewässer. **V** bJZW.

3 Moorente *Aythya nyroca* **G** 40 cm, Sp 65 cm **K** Mahagonibraun, weißes „Heck", ähnlich ♀ von 4, aber kein Schopf, ♂ mit weißer Iris; weißer Flügelstreif kontrastreich. **L** Vegetationsreiche Teiche in Südost-Europa. **V** bj, sehr selten.

4 Reiherente *Aythya fuligula* **G** 43 cm, Sp 70 cm **K** Häufigste Tauchente, schwarzweißes ♂ mit Schopf unverkennbar, ♀ einfarbig dunkelbraun mit kurzem Schopf, manchmal weiß am „Heck" (vgl. 3) oder Schnabelgrund (vgl. 5); deutlicher weißer Flügelstreif. **S** Bibbernd „pijibibib" und schnarrend „kerr". **L** Gewässer aller Art. **V** BJZW.

5 Bergente *Aythya marila* **G** 46 cm, Sp 78 cm **K** ♂ schwarzweiß mit grauem Rücken, ♀ ähnlich 4, aber runder Kopf ohne Schopf, viel Weiß am Schnabelgrund, Oberseite und Flanken meist leicht grau meliert; breiter weißer Flügelstreif. **L** Brutvogel Nordost-Europas, größere Gewässer, Meer. **V** zW 9-4, vorwiegend Küste.

6 Schellente *Bucephala clangula* **G** 45 cm, Sp 75 cm **K** Kopf dreieckig, bei ♂ grünlich schwarz mit weißem Zügelfleck, Brust und Flanken weiß, ♀ brauner Kopf, weißer Halsring, grauer Körper. **S** ♂ mit klingelndem Flügelgeräusch (Name!). **L** Baumumstandene Gewässer (Höhlenbrüter!), Seen, Meer. **V** bZW.

7 Eisente *Clangula hyemalis* **G** ♂ 58 cm, ♀ 40 cm, Sp 75 cm **K** Klein, viel Weiß im Gefieder, dunkles Brustband, ♂ mit rosa Schnabelbinde und langem Schwanzspieß; Gefieder sehr variabel. **S** Melancholisch „a-ou-li". **L** Arktischer Brutvogel, im Winter Meer, Seen. **V** W 10-4, hauptsächlich Ostsee, selten Binnenland.

8 Trauerente *Melanitta nigra* **G** 50 cm, Sp 85 cm **K** ♂ ganz schwarz, Schnabelfirst gelb, ♀ braun, Kopfseiten weißlich (vgl. 1), dunkle Flügel zeichnungslos. **S** Pfeifend „pjü". **L** Brütet in Nordost-Europa, im Winter Seen, Meer. **V** W 9-5, hauptsächlich Küste.

9 Samtente *Melanitta fusca* **G** 55 cm, Sp 95 cm **K** Ähnlich 8, aber weißer Spiegel, ♂ mit weißem Augenfleck, ♀ mit zwei hellen Kopfflecken. **L** Nordost-europäischer Brutvogel, im Winter Seen, Meer. **V** W 9-5, hauptsächlich Küste.

10 Eiderente *Somateria mollissima* **G** 60 cm, Sp 100 cm **K** Häufigste Meeresente, groß, keilförmiges Kopfprofil, ♂ unverkennbar, unausgefärbte ♂ schwarzweiß gescheckt, ♀ ähnlich großem Stockenten-♀ gefärbt, Gefieder auffallend quergewellt; taucht vor allem nach Muscheln, meist in großen Gruppen. **S** ♂ „a-haua", ♀ stotternd „kokokok". **L** Meer. **V** BZW, selten im Binnenland.

11 Prachteiderente *Somateria spectabilis* **G** 58 cm, Sp 90 cm **K** ♂ durch orangefarbenen Schnabelhöcker unverkennbar, ♀ ähnlich 10, aber Gefieder mit U-förmigen Markierungen, Schnabelbefiederung weit vor Nasenloch endend, hochgezogener Schnabelwinkel wirkt lächelnd. **L** Brütet in arktischer Tundra, im Winter auf dem Meer. **V** A.

12 Scheckente *Polysticta stelleri* **G** 45 cm, Sp 75 cm **K** ♂ mit rostfarbenem Bauch und weißem Kopf, ♀ ähnlich kleinem, dunklem Stock- oder Eiderenten-♀, taucht aber und hat rechteckigen Kopf mit wie angeklebt wirkendem, grauem, unbefiedertem Schnabel. **L** Brutvogel der arktischen Tundra, im Winter auf dem Meer. **V** A, besonders Ostsee.

1
♀
♂
2
♀
♂
3
♀
♂
4
♀
♂
5
♀
♂
6
♀
♂
7
♀
♂
8
♀
♂
9
♀
♂
10
♀
♂
11
♀
♂
12
♀
♂

1 Gänsesäger *Mergus merganser* **G** 62 cm, Sp 90 cm **K** Schlanker, roter Schnabel, weißes Gefieder des schwarzköpfigen ♂ rosa überhaucht, ♀ grau mit braunem Kopf, weiße Kehle scharf abgesetzt; oft in Gruppen tauchend. **S** Quakend „orr“. **L** Seen, Flüsse, Meer. **V** b (Ostsee und Süddeutschland), ZW 10-4.

2 Mittelsäger *Mergus serrator* **G** 55 cm, Sp 80 cm **K** Kleiner und dunkler als 1, ♂ mit rotbrauner Brust und weißem Halsring, ♀ braungrau, Kopfzeichnung verwaschener als bei 1. **S** Schnarrend „arrk“. **L** Seen, Küste. **V** b (hauptsächlich Ostsee), Zw.

3 Zwergsäger *Mergus albellus* **G** 60 cm, Sp 60 cm **K** ♂ fast ganz weiß mit schwarzer Maske, ♀ grau, Kopf mit rotbrauner Kappe und weißen Wangen. **L** Brütet auf Seen in der Taiga, bei uns im Winter Flüsse, Meer. **V** W 11-3.

1
2
3
Kolbenente ♀
Tafelente ♀
Eisente
♀
♂ SK
♂ PK
♂
Moorente ♂
♂
Reiherente ♀
Ringschnabelente ♀
Bergente ♀
Schellente ♀
Eiderente ♀
Scheckente ♂
Samtente ♀
♀
♂
Prachteiderente ♂
Trauerente ♀

1 Rotmilan *Milvus milvus* **G** 65 cm, Sp 155 cm **K** Insgesamt rostbraun, Kopf heller, unten weißliches Handflügelfeld, langer, rostroter Schwanz tief gegabelt. **S** Klagend „hiijü-hjhj-hjü". **L** Offen bewaldetes Hügelland. **V** BZ 3-10, stellenweise w.

2 Schwarzmilan *Milvus migrans* **G** 60 cm, Sp 145 cm **K** Einfarbig dunkelbraun, brauner Schwanz schwächer gegabelt als bei 1, Armflügel oben mit hellem Band. **S** Vibrierend „püj-jir". **L** Halboffene Landschaft, meist an Gewässern. **V** BZ 4-9.

3 Seeadler *Haliaeetus albicilla* **G** 85 cm, Sp 220 cm **K** Riesig, brettartige Flügel, gewaltiger Schnabel; kurzer, keilförmiger Schwanz bei hellbraunen Altvögeln kennzeichnend weiß, bei dunkelbraunen bis gefleckten Unausgefärbten dunkel. **S** Lachend „kji-kji-kji". **L** Alte Wälder an größeren Gewässern. **V** BJ (nur Nordost-Deutschland), w.

4 Steinadler *Aquila chrysaetos* **G** 80 cm, Sp 210 cm **K** Groß, Nacken immer goldbraun, Flügel relativ schmal, Schwanz lang, gerundet, bei Jungvögeln weiß mit schwarzer Endbinde (auch weißes Band auf Unterflügel), später dunkel. **S** Tief und rauh „kjü". **L** Gebirge, in Nordost-Europa auch Wälder und Küsten. **V** BJ nur Alpen, sonst A.

5 Schreiadler *Aquila pomarina* **G** 60 cm, Sp 150 cm **K** Etwas größer als Mäusebussard, einfarbig dunkelbraun, oben Vorderflügel etwas heller und weißlicher Fleck auf Handflügel; Jungvögel mit rostigem Nackenfleck und weißen Punkten auf Flügeldecken. **S** Am Brutplatz hell und laut „kjük kjük". **L** Alte Wälder mit Wiesen. **V** BZ 4-9, nur Ostdeutschland, sonst A.

6 Schelladler *Aquila clanga* **G** 65 cm, Sp 170 cm **K** Ähnlich 5, doch größer, dunkler, Schwanz mehr keilförmig, Unterflügeldecken meist dunkler als Schwungfedern (bei 5 umgekehrt), Jungvögel auf Flügeln stärker weiß getropft. **L** Gewässernahe Wälder in Nordost-Europa. **V** A.

7 Kaiseradler *Aquila heliaca* **G** 80 cm, Sp 200 cm **K** Ähnlich 4, aber Schwanz kürzer, weiße Schulterfedern, graue Schwanzbasis; Jungvögel gelbbraun, unterseits stark gestreift. **L** Offenes Gelände in Südost-Europa. **V** A.

8 Zwergadler *Hieraaetus pennatus* **G** 45 cm, Sp 120 cm **K** Kleinster Adler, nur bussardgroß, oberseits helles Armflügelband, „Positionslichter" am Flügelansatz, Schwungfedern schwärzlich, innere drei Handschwingen aufgehellt, Unterseite bei heller Morphe sonst weißlich, bei dunkler Morphe dunkelbraun. **S** Am Brutplatz „wie-jük-jük". **L** Alte Laubwälder in offener Landschaft Südeuropas. **V** Lokal bz 3-9, sonst A.

9 Habichtsadler *Hieraaetus fasciatus* **G** 70 cm, Sp 155 cm **K** Langer, heller Schwanz mit dunkler Endbinde, schwärzliches Band über Unterflügel, weißer Mantelfleck. **L** Südeuropäisches Bergland. **V** A.

10 Schlangenadler *Circaetus gallicus* **G** 65 cm, Sp 175 cm **K** Unterseits weißlich, dunkel quergefleckt, Kopf und Brust dunkel, Schwanz mit drei Binden, Flügelbugfleck fehlend; rüttelt viel. **L** Offene Landschaft in Süd- und Osteuropa. **V** A.

11 Fischadler *Pandion haliaetus* **G** 60 cm, Sp 155 cm **K** Unterseite hell, dunkle Maske, Flügel gewinkelt mit dunklem Bug; rüttelt über Wasser. **S** Klagend „jülp", pfeifend „pjüp". **L** Gewässer aller Art. **V** B (nur Ostdeutschland), sonst Z 3-5, 8-9.

12 Gänsegeier *Gyps fulvus* **G** 100 cm, Sp 260 cm **K** Sehr groß, hell, lange Flügel tief gefingert, kurzer Schwanz gerundet, Kopf und langer Hals weißlich. **L** Südeuropäische Gebirge. **V** A, doch alljährlich im Rauristal in Österreich übersommernd.

1
2
3
4
JK
5
JK
6
7
8
dunkel
9
10
11
12

1 Bartgeier *Gypaetus barbatus* **G** 115 cm, Sp 260 cm **K** Dunkel, nur Kopf und Bauch rostfarben (bei Jungvögeln grau), schmale, lange Flügel, langer Schwanz keilförmig. **L** Selten in Felsgebirgen Südeuropas; Aussetzungsexperimente im Alpenraum. **V** A.

2 Schmutzgeier *Neophron percnopterus* **G** 65 cm, Sp 160 cm **K** Weiß mit schwarzen Schwungfedern, Schwanz keilförmig, Kopf klein; Jungvögel braun. **L** Bergland und andere Lebensräume in Südeuropa. **V** A.

3 Rohrweihe *Circus aeruginosus* **G** 50 cm, Sp 120 cm **K** Schlank und langschwänzig, ♂ braun mit grauem Schwanz und Flügelfeld, ♀ und Jungvögel dunkelbraun mit gelber Kopfplatte; niedriger, gaukelnder Flug mit V-förmig angehobenen Flügeln. **S** ♂ balzt „kie-vü ki-ki". **L** Schilf, Wiesen, Felder, offenes Gelände. **V** BZ 4-9.

4 Kornweihe *Circus cyaneus* **G** 45 cm, Sp 110 cm **K** ♂ hellgrau mit schwarzen Flügelspitzen und weißen Oberschwanzdecken, letztere auch beim insgesamt bräunlichen ♀. **S** ♂ balzt „tjük-ükükükük". **L** Offene Landschaften. **V** bZW.

5 Wiesenweihe *Circus pygargus* **G** 45 cm, Sp 105 cm **K** Schlanker als 4, Flügel spitzer, ♂ mit schwarzen Flügelbinden; die ♀ und Jungvögel von 4, 5 und 6 ähneln einander so sehr, daß sie nur mit viel Erfahrung unterscheidbar sind. **S** Höher als 4. **L** Offenes Gelände, besonders Wiesen. **V** bZ 5-9.

6 Steppenweihe *Circus macrourus* **G** 45 cm, Sp 110 cm **K** Ähnlich 4, doch spitzflügeliger, ♂ nur mit schwarzem Keil in Flügelspitze, ♀ mit deutlicherem Halsband. **L** Steppen in Osteuropa. **V** A.

7 Wespenbussard *Pernis apivorus* **G** 55 cm, Sp 135 cm **K** Ähnlich 8, Färbung variabel, meist im Flug mit abwärts gebogenen Flügeln zu sehen, kleiner, grauer Kopf auf langem Hals weit vorgestreckt, langer Schwanz mit drei Binden, Unterseite oft quer gebändert; gräbt Wespennester aus. **S** Pfeifend „pii-iu". **L** Waldland. **V** BZ 5-9.

8 Mäusebussard *Buteo buteo* **G** 50 cm, Sp 120 cm **K** Häufigster Greifvogel, Gefieder extrem variabel von fast weiß bis fast schwarz oder gescheckt, meist braun mit hellem Brustband, Schwanz mit vielen Binden; im Flug Flügel gerade oder leicht angehoben gehalten. **S** Katzenähnlich „hii-jäh". **L** Alle Lebensräume. **V** BJZW.

9 Rauhfußbussard *Buteo lagopus* **G** 55 cm, Sp 130 cm **K** Größer, aber eleganter als 8, Lauf befiedert, weißer Schwanz mit schwarzer Endbinde, helle Stirn und Unterseite mit dunklem Flügelbug- und Bauchfleck; rüttelt oft. **S** Ähnlich 8. **L** Skandinavisches Bergland, bei uns offenes Gelände. **V** W 10-4, hauptsächlich Norddeutschland.

10 Adlerbussard *Buteo rufinus* **G** 60 cm, Sp 140 cm **K** Kräftiger als 8, überwiegend hell und zimtbraun, brauner Bauchfleck, Schwanz ungebändert rötlich. **L** Steppen und Berge Südost-Europas. **V** A.

11 Habicht *Accipiter gentilis* **G** 55 cm, Sp 100 cm **K** Groß, Oberseite grau, Unterseite quergebändert, Überaugen-, aber kein Tränenstreif; Jungvögel braun, unterseits getropft; Flügel im Vergleich zum Bussard kurz, Schwanz lang. **S** Gackernd „kjü-kjü-kjü" und langgezogen fiepsend „piiiji". **L** Wälder. **V** BJ.

12 Sperber *Accipiter nisus* **G** 35 cm, Sp 70 cm **K** Kleiner und schmächtiger als 11, Querbänderung der Unterseite des ♂ rötlich, des oberseits braunen Jungvogels bräunlich; ♀ unterseits grau gebändert, viel größer, erreicht fast Habicht-♂, aber Schwanz schmaler mit gerader (nicht gerundeter) Spitze., Körper schlanker **S** Warnt „kjikjikjik". **L** Wälder, Feldgehölze, Parks. **V** BJZW.

2
1
♀ / JK
♂
♂
3
♀
♂
4
JK
♀
♂
5
JK
♀
♂
6
♀
♂
7
dunkel
normal
8
hell
8
9
10
JK
11
♂
♀
JK
12

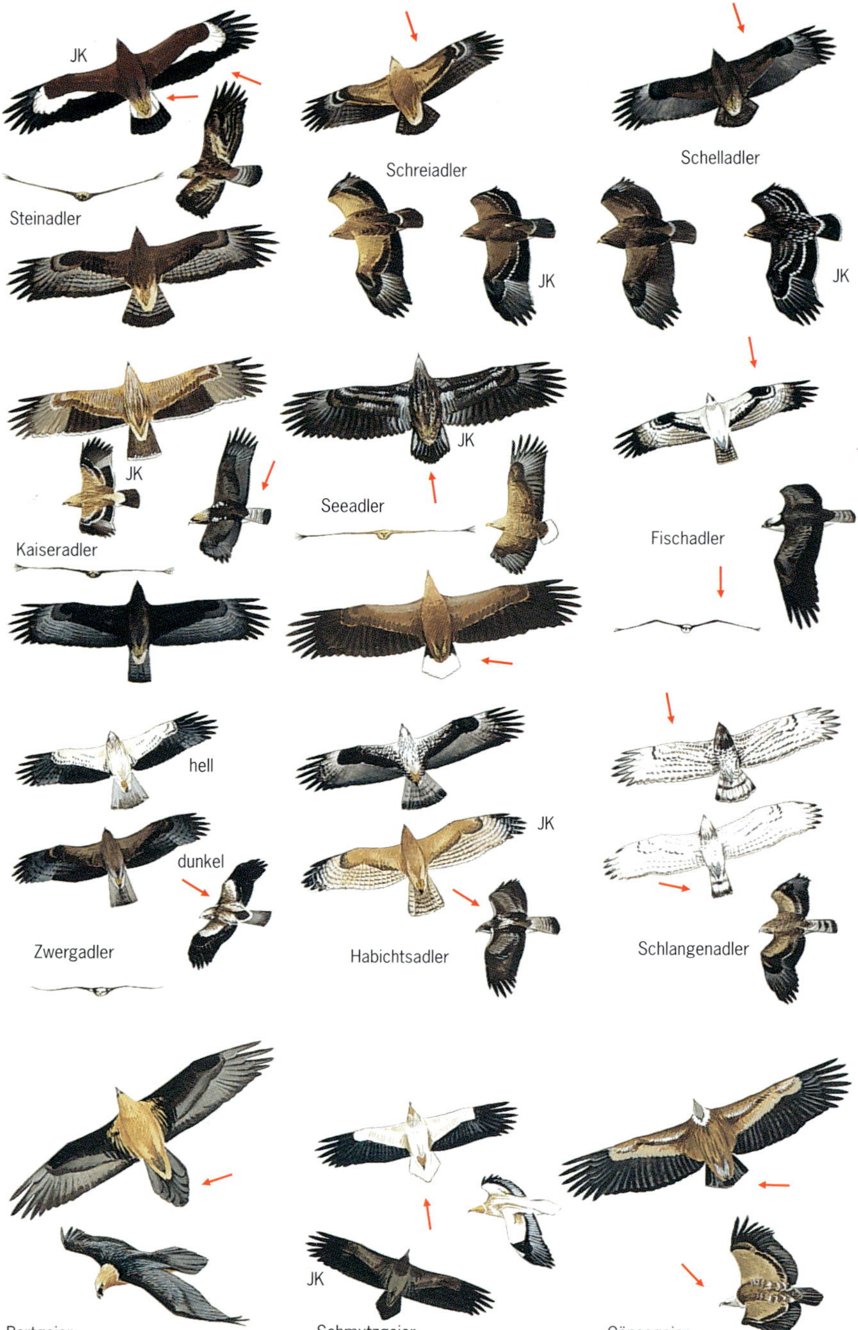
JK
Steinadler
Schreiadler
JK
Schelladler
JK
Kaiseradler
JK
JK
Seeadler
Fischadler
hell
dunkel
Zwergadler
JK
Habichtsadler
Schlangenadler
Bartgeier
JK
Schmutzgeier
Gänsegeier

normal
♀
♂
Mäusebussard
Rauhfußbussard
Wespenbussard
JK
hell
JK
JK
JK
♂
♀
♀
♀
JK
Kornweihe
JK
Wiesenweihe
JK
Steppenweihe
JK
Rohrweihe
♀
Schwarzmilan
Sperber ♀
Wanderfalke
JK
Habicht
♂
JK
Rotmilan
Baumfalke
♂
♂
♀
♂
Turmfalke
♀
Rotfußfalke
♀ / JK
♂
♂ rüttelnd
Merlin
JK

FALKEN

1 Turmfalke *Falco tinnunculus* **G** 35 cm, Sp 75 cm **K** Häufigster Falke, lange, spitze Flügel und langer Schwanz, überwiegend braun mit dunkler Fleckung und Bänderung, beim ♂ Kopf und Schwanz grau; steht häufig rüttelnd in der Luft. **S** Hoch „kikikikiki". **L** Alle Lebensräume, auch in Städten. **V** BJ.

2 Rötelfalke *Falco naumanni* **G** 30 cm, Sp 65 cm **K** Ähnlich 1, aber kleiner, heller, bunter, ♂ mit grauem Armflügelfeld und ungefleckt rostbraunem Mantel, ♀ kaum unterscheidbar, aber Krallen weiß. **S** Heiserer als 1. **L** Offene Landschaft in Südeuropa, auch in Städten. **V** A.

3 Rotfußfalke *Falco vespertinus* **G** 30 cm, Sp 70 cm **K** Graues ♂ mit roten „Hosen" unverkennbar, ♀ oberseits schiefergrau gebändert, Unterseite und Kopf hell rostbraun, schwarze Augenmaske, Beine orangerot. **S** Gedehnt „tschrii-trih". **L** Offene Landschaften Südost- und Osteuropas. **V** z 5-6, 8-10, selten.

4 Baumfalke *Falco subbuteo* **G** 32 cm, Sp 75 cm **K** Graue Oberseite, gestrichelte Unterseite, rostbraune „Hosen", weiße Wangen mit dunklem Tränenstreif; Schwanz relativ kurz. **S** Weniger scharf als 1 „kjikjikji". **L** Offenes Waldland. **V** BZ 4-10.

5 Wanderfalke *Falco peregrinus* **G** 45 cm, Sp 105 cm **K** Großer, kompakter Falke, quer gewellte Unterseite, breiter Tränenstreif, graue Oberseite, Jungvögel brauner und unterseits getropft. **S** Rauh „krä-krä-krä". **L** Gebirge, Felsen, Wälder, Städte, offene Landschaft. **V** BJ.

6 Merlin *Falco columbarius* **G** 28 cm, Sp 60 cm **K** Kleinster Falke, ♂ oben blaugrau, unten rostfarben und dunkel gefleckt, ♀ oben düster braun; kurze, spitze Flügel, jagt oft niedrig. **L** Offene Landschaft in Nordeuropa. **V** ZW 9-4.

7 Würgfalke *Falco cherrug* **G** 52 cm, Sp 120 cm **K** Oberseits braun, unterseits beige mit Längstropfen, Scheitel hell, Tränenstreif blaß. **L** Offene Landschaft Südost-Europas. **V** A.

8 Gerfalke *Falco rusticolus* **G** 58 cm, Sp 130 cm **K** Größter Falke, kräftig, breitflügelig, schwacher Tränenstreif, Färbung von braungrau bis weißlich variierend. **L** Nordeuropäische Gebirge. **V** A, gelegentlich Gefangenschaftsflüchtling.

HÜHNERVÖGEL

9 Alpenschneehuhn *Lagopus mutus* **G** 35 cm, Sp 55 cm **K** Im Winter bis auf schwarze Schwanzkanten ganz weiß (♂ mit schwarzem Zügelstreif), im Sommer Kopf und Oberseite graubraun. **S** Hölzern „errr errrr". **L** Felsgebirge über der Baumgrenze. **V** BJ, nur Alpen.

10 Haselhuhn *Bonasa bonasia* **G** 35 cm, Sp 50 cm **K** Graubraun, schwarze Schwanzendbinde, kleine Haube, ♂ mit schwarzer Kehle. **S** Sehr hoch pfeifend „zuiiii-titi", ähnlich Goldhähnchen. **L** Nadel- und Mischwälder, gern am Wasser und im Bergland. **V** BJ, nur Südwest- und Süddeutschland, selten.

11 Auerhuhn *Tetrao urogallus* **G** ♂ 85 cm, ♀ 60 cm, Sp 90-120 cm **K** Größer als 12, ♂ mit gerundetem Schwanz, Flügel einfarbig, bei ♀ Brust und Schwanz rostrot. **S** ♂ balzt mit sich beschleunigenden, klappernden Tönen, gefolgt von „plopp" und Zischen. **L** Nadelwälder im Bergland. **V** bj, nur Alpen und Mittelgebirge im Süden, selten.

12 Birkhuhn *Tetrao tetrix* **G** ♂ 50 cm, ♀ 40 cm, Sp 75 cm **K** ♂ schwarz mit leierförmigem Schwanz, weiße Flügelbinde, ♀ braunschwarz gebändert. **S** ♂ balzen mit kullernden und zischenden Lauten. **L** Moore, Heiden, Gebirge am Rand der Baumgrenze. **V** Lokal bj.

♀
♂
1
♂
♀
♂
2
♀
JK
♂
3
JK
4
JK
5
♀
♂
6
7
JK
8
Winter ♂
Sommer
9
♀
10
♀
♂
♀
11
♀
♂
♀
12
♀
♂

1 Jagdfasan *Phasianus colchicus* **G** ♂ 85 cm, ♀ 60 cm, Sp 80 cm **K** Braunes, langschwänziges Huhn, ♂ mit Rot und Grün am Kopf. **S** Krächzend „koo-krock“, gefolgt von Flügelschwirren. **L** Meist offenes Gelände. **V** BJ, nur zu Jagdzwecken ausgesetzt, Heimat Asien.

2 Rebhuhn *Perdix perdix* **G** 30 cm, Sp 45 cm **K** Viel kleiner als 1, graubraun, rostbrauner Schwanz kurz, schwarzer Bauchfleck; meist in Gruppen. **S** ♂ balzt „kirr-reck“. **L** Felder, Wiesen Brachflächen. **V** BJ, durch industrialisierte Landwirtschaft stark abnehmend.

3 Steinhuhn *Alectoris graeca* **G** 33 cm, Sp 50 cm **K** Braungrauer Hühnervogel mit schwarzweißer Flankenbänderung, Schnabel und Beine rot. **S** Laut wetzend „schatzibit-schatzibitz“, „gack-gack“, im Flug „pitschii“. **L** Steinige Südhänge der Alpen. **V** A, früher bj.

4 Wachtel *Coturnix coturnix* **G** 18 cm, Sp 35 cm **K** Kleinster Hühnervogel, fahl gelbbraun, kein Rostbraun in Schwanz oder Flügel (vgl. 2, 5); meist unsichtbar in dichter Vegetation und nur zu hören. **S** Charakteristisch „pick-perwick“, besonders nachts. **L** Wiesen, Felder, Brachflächen. **V** BZ 5-10.

KRANICHVÖGEL: RALLEN, KRANICHE, TRAPPEN

5 Wachtelkönig *Crex crex* **G** 28 cm, Sp 50 cm **K** Wiesenbewohnende, braune Ralle, fast nie zu sehen, aber an rostbraunen Flügeldecken erkennbar. **S** Besonders nachts ununterbrochen laut und hölzern „rrrrp-rrrrp, rrrrp-rrrrp“. **L** Wiesen, teilweise auch Felder. **V** bz 5-9.

6 Wasserralle *Rallus aquaticus* **G** 38 cm, Sp 40 cm **K** Langer, rötlicher Schnabel, Flankenbänderung; meist versteckt im Schilf. **S** ♂ balzt „köp köp köp“, ♀ „tjik-tjik tjürrr“, außerdem ganzjährig schweineartiges Quieken und Knurren. **L** Schilf, Feuchtgebiete. **V** BZw.

7 Tüpfelsumpfhuhn *Porzana porzana* **G** 23 cm, Sp 40 cm **K** Kurzer Schnabel mit roter Basis, graubraunes Gefieder weiß gebändert und gesprenkelt, gelber Unterschwanz. **S** Balzt peitschend „quip, quip, quip“. **L** Schilf, Sumpfgebiete, Überschwemmungswiesen. **V** BZ 4-9.

8 Kleines Sumpfhuhn *Porzana parva* **G** 19 cm, Sp 36 cm **K** Im Gegensatz zu 7 nicht gesprenkelt, Unterschwanz gebändert, Oberseite lehmbraun mit schwacher Längsstreifung, Schnabelbasis rot, ♂ unterseits grau, ♀ beige. **S** ♂ balzt abfallend „queg queg-queck-kwäkwäkwekue“, ♀ „pöck pöck-pörrr“. **L** Schilfgebiete. **V** Lokal bz 4-9.

9 Zwergsumpfhuhn *Porzana pusilla* **G** 18 cm, Sp 34 cm **K** Von 8 durch weiß gekritzelte Oberseite und fehlendes Rot am Schnabel unterschieden. **S** Balzt alle 2-3 Sekunden leise hölzern schnarrend „errrrrrrr“, ♀ ruft leise „schrr“. **L** Seggensümpfe, überschwemmte Wiesen. **V** Ausnahmsweise bz 5-9, sonst A.

10 Teichhuhn *Gallinula chloropus* **G** 33 cm, Sp 52 cm **K** Schwarz, weißer Unterschwanz, rotes Stirnschild; Kopfnicken und Schwanzzucken. **S** Laut und plötzlich „kürrk“. **L** Bewachsene Gewässer, auch Parkteiche. **V** BJ.

11 Bläßhuhn *Fulica atra* **G** 38 cm, Sp 75 cm **K** Rußschwarz, weißes Stirnschild, bucklige Gestalt; taucht auch, grast gern in Gruppen an Land. **S** Explodierend „pix“ und tiefer „pöck“, im Flug nasal „pnäau“. **L** Vegetationsreiche Gewässer aller Art, auch Parkteiche. **V** BJZW.

12 Kranich *Grus grus* **G** 120 cm, Sp 215 cm **K** Groß, hochbeinig, grau, schwarz-weiß-rote Kopfzeichnung (bei Jungvögeln bräunlich), buschiges Hinterende, langer Hals im Flug ausgestreckt; meist ziehend in großen, keilförmigen Trupps zu sehen. **S** Laut trompetend „kru“, Jungvögel im Herbst piepsend „miep“. **L** Bruchwälder, Feuchtgebiete, rastend auf Feldern und Wiesen. **V** B (hauptsächlich Nordost-Deutschland), Z 2-3, 10-12.

♂
♂
♀
1
JK
2
3
4
5
6
7
♀
♂
8
JK
9
10
11
12

1 Großtrappe *Otis tarda* **G** ♂ 100 cm, ♀ 80 cm, Sp 180-250 cm **K** Groß, schwer, ähnlich Truthahn, braun gemusterte Oberseite, grauer Hals, gänseähnlicher Flug mit weißem Flügelfeld, ♂ viel größer als ♀; sehr scheu. **L** Wiesen, Steppen, Felder. **V** bj lokal in Ostdeutschland und Ostösterreich, fast ausgestorben.

2 Zwergtrappe *Tetrax tetrax* **G** 43 cm, Sp 110 cm **K** Viel kleiner als 1, hühnerähnlich, Flügel fast ganz weiß, ♂ mit schwarzweißer Halszeichnung. **L** Offene Landschaft in Südeuropa. **V** A.

WAT- UND MÖWENVÖGEL 1: WATVÖGEL

3 Triel *Burhinus oedicnemus* **G** 42 cm, Sp 80 cm **K** Tarnfarbig braun, schwarzweiße Flügelzeichnung, großes, gelbes Auge; nachtaktiv. **S** Nachts ähnlich Brachvogel flötend und rollend „krrü-li" oder „trri-iel". **L** Steppe, Heide, Brachflächen. **V** Ehemals bz, heute A.

4 Austernfischer *Haematopus ostralegus* **G** 43 cm, Sp 83 cm **K** Taubengroß, markant schwarzweiß, Schnabel und Beine rot, breit weiße Flügelbinde; meist in Gruppen. **S** Laut „kiibik", „bik, bik". **L** Küsten, Watt, Feuchtwiesen, Weiden. **V** BZW, häufig Küsten, vereinzelt im Binnenland brütend.

5 Säbelschnäbler *Recurvirostra avosetta* **G** 44 cm, Sp 78 cm **K** Hochbeinig, aufwärts gebogener Schnabel, auffallendes Flügelmuster. **S** Voll flötend „kluit" und „klütt". **L** Watt, Schlammflächen, Flachwasser. **V** BZw an Küsten, nur vereinzelt Binnenland, doch B am österreichischen Neusiedlersee.

6 Stelzenläufer *Himantopus himantopus* **G** 38 cm, Sp 75 cm **K** Grazil, extrem lange, rote Beine, dünner, schwarzer Schnabel, Flügel ganz schwarz. **S** Nasal „krit" und „kip". **L** Salziges Flachwasser, Küsten in Südeuropa. **V** A, ausnahmsweise b.

7 Rotflügel-Brachschwalbe *Glareola pratincola* **G** 25 cm, Sp 62 cm **K** Kurzbeinig, eher seeschwalbenartig, gegabelter Schwanz, Oberseite braun mit weißem Bürzel, Unterflügel rotbraun. **S** Nasal „kerrekek-kitik". **L** Brach-, trockene Schlammflächen in Südeuropa. **V** A.

8 Kiebitz *Vanellus vanellus* **G** 30 cm, Sp 74 cm **K** Bekanntester Watvogel, taubengroß, durch schwarzweiße Färbung und Federholle unverkennbar, Flügel breit und stumpf; meist in Trupps. **S** „Kie-witt" in verschiedenen Variationen und gereiht, bei Balz auch Flügelwummern. **L** Feuchtgebiete, Wiesen, Felder. **V** BZw.

9 Steppenkiebitz *Chettusia gregaria* **G** 30 cm, Sp 70 cm **K** Fahl graubraun, weißer Überaugenstreif, weißes Armflügelfeld, Bauch nur im PK dunkel. **S** Rauher als 8 „kreschkreschkresch". **L** Mittelasiatische Steppen. **V** A, gelegentlich in Kiebitztrupps.

10 Goldregenpfeifer *Pluvialis apricaria* **G** 27 cm, Sp 72 cm **K** Goldgelb gesprenkelt, helle Achseln, nur im PK schwarze Unterseite; oft mit Kiebitzen auf Feldern rastend. **S** Traurig flötend „diüh". **L** Moore und Tundren Nordeuropas. **V** b (Norddeutschland, fast ausgestorben), Z 2-4, 9-11, w.

11 Kiebitzregenpfeifer *Pluvialis squatarola* **G** 29 cm, Sp 78 cm **K** Mehr silbergrau gesprenkelt als 10, viel heller, Achseln schwarz. **S** Dreisilbig flötend „pli-u-i". **L** Arktische Tundra. **V** Z 4-6, 8-10, Küste auch w.

12 Mornellregenpfeifer *Charadrius morinellus* **G** 21 cm, Sp 60 cm **K** Weißer, im Nacken zusammenlaufender Überaugenstreif, helles Brustband, graue Unterflügel, im PK schwarzbrauner Bauch. **S** Rollend „brrrüt". **L** Nordeuropäische Bergwiesen, lokal auch im Süden, zur Zugzeit kurzrasige Flächen. **V** z 5, 8-9, in österreichischen Alpen lokal seltener b.

♂
1
♀
♂
2
3
4
5
6
7
8
PK
9
SK/JK
PK
10
SK/JK
PK
11
♀ PK
12

1 Flußregenpfeifer *Charadrius dubius* **G** 15 cm **K** Oberseite hellbraun, Unterseite weiß, kurzer Schnabel dunkel, relativ kurze Beine blaß, Brustband und Gesichtszeichnung schwarz, gelber Lidring, kein Flügelstreif, im JK Brustband schmaler, bräunlich, Kopf gelblichbraun; rennt rollend über offene Flächen und bleibt ruckartig stehen. **S** Ruft flötend „tiu", bei der Balz rauh rollend „chrechrechrechre". **L** Kies- und Schlammflächen im Binnenland. **V** BZ 4-9.

2 Sandregenpfeifer *Charadrius hiaticula* **G** 18 cm **K** Kräftiger als 1, Schnabelbasis und Beine orangegelb, kein Lidring, weißer Flügelstreif, im JK breiter Überaugenstreif. **S** Ruft flötend „tü-ip", im Balzflug „tu-widih tu-widih". **L** Küste, Watt, Schlammufer. **V** BZ 3-5, 8-10, w.

3 Seeregenpfeifer *Charadrius alexandrinus* **G** 16 cm **K** Insgesamt hell, Brustband vorne offen, kann mit 1 im JK verwechselt werden, aber Beine und Schnabel schwarz, weißer Flügelstreif. **S** Ruft „püit" und „pip pit", balzt „reereereeree". **L** Sandstrände, offene Salzwiesen. **V** bz 4-10, nur Nordsee, auch ziehend kaum Binnenland, aber B am Neusiedlersee.

4 Alpenstrandläufer *Calidris alpina* **G** 18 cm **K** Häufigster Strandläufer, Schnabel recht lang, leicht gebogen, Oberseite rostbraun, schwarz und beige gemustert, im PK schwarzer Bauchfleck, im JK dunkle Flankentropfung, im SK oberseits ganz grau, unterseits weiß; im Flug weißer Bürzel schwarz geteilt, weißer Flügelstreif; meist in großen Trupps. **S** Ruft nasal „tirrr", im Balzflug schwirrend. **L** Nordeuropäische Moore, Tundra, zur Zugzeit Wattenmeer, Küste und Schlammflächen im Binnenland. **V** b (lokal Küste), Z 3-5, 7-10, Küste auch W.

5 Zwergstrandläufer *Calidris minuta* **G** 14 cm **K** Klein, oberseits rostbraun, Beine schwarz, im JK doppelte weiße V-Zeichnung auf Mantel, Brust bräunlich gefleckt, im PK rostbraun. **S** Ruft „tit". **L** Arktische Tundra, zur Zugzeit Watt und Schlammflächen im Binnenland. **V** Z 4-6, 7-10.

6 Temminckstrandläufer *Calidris temminckii* **G** 14 cm **K** Langgestreckter als 5, Beine gelblich, insgesamt grauer, Brust grau, Oberseite im PK variabel schwärzlich gefleckt. **S** Ruft schwirrend „tirrr". **L** Nordeuropäische Feuchtgebiete, Schlammflächen. **V** Z 5, 8-9.

7 Sichelstrandläufer *Calidris ferruginea* **G** 20 cm **K** Stärker gebogener Schnabel und Beine länger als bei 4, Bürzel ungeteilt weiß, PK rostrot, im JK hellbraune Oberseite geschuppt, Flanken weiß. **S** Klingelnder als 4 „kürrrl". **L** Asiatische Tundra, Schlammflächen. **V** Z 5, 8-10.

8 Knutt *Calidris canutus* **G** 25 cm **K** Kräftig gebaut, Schnabel gerade, Bürzel grau quergebändert, PK rostrot, JK sandbraun mit geschuppter Oberseite, SK oberseits grau. **S** Nasal, tief und leise „nutt" oder „kuätt". **L** Arktische Tundra. **V** Z 4-6, 8-10, auch w, vorwiegend Küste.

9 Sanderling *Calidris alba* **G** 19 cm **K** Rennt am Strand hinter Wellen her; Bauch weiß, breit weißer Flügelstreif, im PK Oberseite und Brust rostbraun, im JK Mantel schwärzlich gefleckt, im SK hell grau. **S** Kurz „plit". **L** Hocharktische Tundra. **V** Z 5, 8-10, W, fast nur Küste.

10 Meerstrandläufer *Calidris maritima* **G** 21 cm **K** Beine und Schnabelbasis gelb, Oberseite und Brust düster schiefergrau; fast nur auf Klippen, Buhnen, Steinen. **S** Ruft leise „kütt", „ke-wütt". **L** Steinige Tundra Nordeuropas, Felsküsten, Molen. **V** W 8-5, nur Küste.

11 Graubrust-Strandläufer *Calidris melanotos* **G** 21 cm **K** Recht groß, Beine und Schnabelbasis grünlich, dicht gestrichelte Brust scharf vom weißen Bauch abgesetzt, oberseits mit weißer V-Zeichnung. **S** Ruft hölzern „drrrük". **L** Tundra Nordost-Sibiriens und Nordamerikas, nasse Wiesen, Schlammflächen. **V** A, meist 5 und 10.

12 Sumpfläufer *Limicola falcinellus* **G** 17 cm **K** Gestalt ähnlich 4, aber Schnabel mit hoher Basis und abgeknickter Spitze, vor dem Auge gegabelter doppelter Überaugenstreif, Oberseite hell längsgestreift, Brust dunkel gestrichelt, Flügelbinde schmal. **S** Ruft länger und trockener trillernd als 4 „brrrrijt", kurz „drrt". **L** Skandinavische Moore, Schlammflächen. **V** z 5, 7-9.

JK
PK
1
JK
PK
2
JK
♂ PK
3
SK
PK
4
JK
PK
5
JK
PK
6
JK
PK
7
SK
PK
8
JK
PK
9
SK
10
JK
11
PK
12

1 Kampfläufer *Philomachus pugnax* **G** ♂ 30 cm, ♀ 23 cm **K** Im PK mit gelben bis roten Beinen, ♂ mit typischer Halskrause, diese individuell gemustert oder einfarbig weiß, schwarz oder rotbraun, ♀ deutlich kleiner, nur einzelne schwarze Bauch- und Mantelflecken, im SK beide oberseits braungrau, unterseits weißlich, JK insgesamt gelblichbraun, Oberseite deutlich geschuppt, Beine graugrün; immer typisch sind mittellanger, schwach abwärts gebogener Schnabel, etwas bucklige Gestalt, im Flug einfarbige Oberseite mit zwei ovalen, weißen Flecken auf Oberschwanzdecken. **S** Stumm. **L** Moore, Feuchtwiesen, hauptsächlich Nord- und Osteuropa. **V** b (selten Norddeutschland), Z 3-5, 7-10.

2 Grasläufer *Tryngites subruficollis* **G** 19 cm **K** Durch geschuppte Ober- und ockergelbe Unterseite ähnlich manchen ♀ von 1 im JK, aber dünner Schnabel kürzer und gerade, Beine orangegelb, kein Weiß auf Oberschwanz. **S** Ruft „prrrt". **L** Tundra in Nordamerika und Ostsibirien, kurzrasige Wiesen. **V** A.

3 Bekassine *Gallinago gallinago* **G** 25 cm **K** Langer, gerader Schnabel, kurze Beine, Oberseite längsgestreift; Zickzack-Flug. **S** Ruft heiser „rätsch", balzt „ticka-ticka-ticka", bei Flugbalz mechanisches Schwanzwummern. **L** Moore, Feuchtwiesen, Schlammflächen. **V** BZ 3-10, w.

4 Doppelschnepfe *Gallinago media* **G** 29 cm **K** Massiger als 3, Unterflügel und Unterseite gebändert, kein weißer Flügelhinterrand, aber zwei weiße Flügelbinden, viel Weiß auf Schwanzkanten; fliegt stumm und gerade auf. **S** Bei Gruppenbalz am Boden zirpende und klappernde Töne. **L** Moore und Feuchtwiesen Nordost-Europas. **V** A.

5 Zwergschnepfe *Lymnocryptes minimus* **G** 19 cm **K** Kleiner als 3, Schnabel kürzer, keilförmiger Schwanz ohne Weiß; fliegt stumm und gerade auf. **S** Fluggesang erinnert an galoppierendes Pferd. **L** Nordost-europäische Moore, Feuchtwiesen. **V** Z 3-4, 9-10, w.

6 Waldschnepfe *Scolopax rusticola* **G** 35 cm **K** Groß, schwer, langschnäbelig, Färbung wie Herbstlaub. **S** Während des abendlichen Balzflugs an Waldrändern tief quorrend und hoch piepsend „oorg oorg piz". **L** Feuchte Laubwälder. **V** BZ 3-11, w.

7 Uferschnepfe *Limosa limosa* **G** 40 cm **K** Groß, hochbeinig, mit langem, geradem Schnabel, im Flug breit weißer Flügelstreif und breite, schwarze Schwanzendbinde, PK überwiegend rostbraun, SK grau, JK gelbbraun. **S** Im Balzflug „gritta gritta", ruft „keweckü" und „äk". **L** Feuchtwiesen, zur Zugzeit Flachwasser. **V** b, meist Norddeutschland, Z 3-4, 7-9.

8 Pfuhlschnepfe *Limosa lapponica* **G** 38 cm **K** In allen Kleidern ähnlich 7, aber Beine kürzer, dunkler Schnabel leicht aufgeworfen, kein weißer Flügelstreif, Schwanz fein quergebändert, weißer Rückenkeil. **S** Ruft nasal „kewü" und „gä-gä". **L** Brütet in nordeuropäischer Tundra, zur Zugzeit häufig Wattenmeer, selten Binnenland. **V** Z 5, 8-10, Küste auch j.

9 Großer Brachvogel *Numenius arquata* **G** 55 cm **K** Durch Größe, braun gemustertes Gefieder und sehr langen, abwärts gebogenen Schnabel unverkennbar; Flügel ohne auffallende Abzeichen, weißer Rückenkeil. **S** Im Balzflug lange Flötentöne, die in Triller übergehen, ruft flötend „kuur-li". **L** Moore, Feuchtwiesen, Schlammflächen. **V** bZ 3-4, 7-10.

10 Regenbrachvogel *Numenius phaeopus* **G** 42 cm **K** Kleiner als 9, Schnabel kürzer und erst an Spitze deutlich abwärts geknickt, dunkler Scheitel mit hellem Längsstreif, Flügelschläge schneller. **S** Lachender Triller „bibibibibibibi". **L** Feuchtgebiete Nordeuropas, Watt, Schlammflächen. **V** Z 4-5, 7-9.

11 Steinwälzer *Arenaria interpres* **G** 23 cm **K** Kurze, orangerote Beine, kurzer, kräftiger Schnabel, dunkle Brust; im Flug typisches Oberseitenmuster. **S** Ruft „kütt kütt". **L** Steinige Tundra und Küste Skandinaviens, ziehend oft Felsküsten, selten Binnenland.**V** Z 5, 8-10, w.

♂ PK
♂ PK
♂ PK
♀ PK
♀ JK
1
1
JK
2
3
4
5
6
SK
PK
7
JK
PK
8
9
10
JK
PK
11

1 Rotschenkel *Tringa totanus* **G** 28 cm **K** Graubraun meliert, lange Beine und Schnabelbasis rot; im Flug Flügelhinterrand und Rückenkeil weiß. **S** Ruft flötend „tjü-hü(-hü)", warnt „kip, kip", im Balzflug gereiht „tlüh-tuli". **L** Küste, Feuchtwiesen, Schlammflächen, als Brutvogel fast nur in Norddeutschland. **V** BZ 3-10, w.

2 Dunkler Wasserläufer *Tringa erythropus* **G** 30 cm **K** Hochbeiniger als 1, längerer Schnabel an Spitze leicht abgeknickt, Beine im schwarzen PK dunkel, sonst rot, Jungvögel braun gebändert; keine weiße Flügelzeichnung, aber weißer Rückenkeil. **S** Pfeift scharf „tju-it". **L** Brütet in nordeuropäischer Taiga, zur Zugzeit Watt, Ufer, Schlammflächen. **V** Z 4-5, 7-10.

3 Grünschenkel *Tringa nebularia* **G** 32 cm **K** Groß und hell, lange Beine und Basis des leicht aufgeworfenen Schnabels grünlich; im Flug weißer Rückenkeil. **S** Ruft härter als 1 „kjü-kjü-kjück". **L** Brutvogel skandinavischer Feuchtgebiete, rastet an Schlammufern. **V** Z 4-5, 7-10.

4 Teichwasserläufer *Tringa stagnatilis* **G** 23 cm **K** Ähnlich 3, aber heller, kleiner, zierlicher, hochbeiniger, gerader Schnabel dünner. **S** Flötet weich „kjü" oder „djü-dü". **L** Feuchtgebiete Osteuropas. **V** z 4-5, 7-9.

5 Bruchwasserläufer *Tringa glareola* **G** 21 cm **K** Oberseits braun mit hellen Sprenkeln, weißliche Unterseite auf Brust und Flanken braun gefleckt, Beine gelblichgrün; im Flug oberseits einfarbig, nur Bürzel weiß, Unterflügel hell. **S** Ruft hell „giff-giff-giff". **L** Brütet in nordeuropäischen Feuchtgebieten, früher auch Norddeutschland, rastet häufig auf Schlammflächen und Überschwemmungswiesen. **V** Z 4-5, 7-9.

6 Waldwasserläufer *Tringa ochropus* **G** 23 cm **K** Oberseits dunkler und weniger gefleckt als 5, unterseits reiner weiß, aber Brust dunkler; im Flug Oberschwanzdecken kontrastreich weiß, Unterflügel schwärzlich. **S** Ruft jodelnd „tluit-uit-uit". **L** Brütet in feuchten Wäldern besonders Nordost-Deutschlands in Drosselnestern, zur Zugzeit Gewässer. **V** bZ 3-10, w.

7 Flußuferläufer *Actitis hypoleucos* **G** 20 cm **K** Kurzbeiniger als 1-6, oberseits einfarbig hellbraun, weiße Unterseite mit bräunlicher Brust, häufiges Körperwippen; fliegt auf steifen Flügeln niedrig über Wasser, breit weißer Flügelstreif. **S** Ruft sehr hoch „hitititi", warnt schrill „hiiijt". **L** Brütet an steinigen Gewässerrändern, zur Zugzeit Ufer aller Art. **V** bZ 4-5, 7-9, w.

8 Drosseluferläufer *Actitis macularia* **G** 19 cm **K** Sehr ähnlich 7, aber im PK unterseits drosselartig schwarz gefleckt, im Winter Beine heller, Schwanz kürzer, Flügel deutlicher quergebändert. **S** Schärfer als 7, oft einsilbig. **L** Vertritt 7 in Nordamerika. **V** A.

9 Terekwasserläufer *Xenus cinereus* **G** 23 cm **K** Oberflächlich ähnlich 7, aber größer, langer Schnabel aufwärts gebogen, kurze Beine gelb; im Flug weißer Flügelhinterrand wie 1. **S** Ruft flötend „dü-dü-djü". **L** Schlammige Ufer, brütet in Nordost-Europa. **V** A.

10 Odinshühnchen *Phalaropus lobatus* **G** 18 cm **K** Meist schwimmend zu sehen, pickt Nahrung von Wasseroberfläche, wenig scheu; im PK ziegelrotes Halsband, bei Jungvögeln Oberseite gelblich längsgestreift, im Winter ganz grau; weißer Flügelstreif. **S** Ruft kurz „kitt". **L** Nordeuropäische Teiche, rastend auf Binnengewässern und dem Meer. **V** z 5, 7-9.

11 Thorshühnchen *Phalaropus fulicarius* **G** 20 cm **K** Im PK im Gegensatz zu 10 ganze Unterseite rostrot, im Winter oberseits ungestreift steingrau, Schnabel dicker als bei 10 und mit heller Basis. **S** Ähnlich 10 „pick". **L** Brütet in arktischer Tundra, im Winter Südatlantik, bei uns sehr selten Nordsee und ausnahmsweise Binnengewässer. **V** A.

12 Wilsonwassertreter *Phalaropus tricolor* **G** 23 cm **K** Öfter an Land als 10 und 11, Schnabel und Beine länger; im Flug kein Flügelstreif, aber weißer Bürzel. **S** Ruft selten tief „wüt". **L** Nordamerikanischer Brutvogel, auf europäischen Binnengewässern seltener Gast. **V** A.

SK
PK
1
SK
PK
2
SK
PK
3
SK
PK
4
5
6
JK
7
PK
8
9
SK
♀ PK
SK
10
♂ PK
♀ PK
SK
11
JK
♀ PK
12
SK

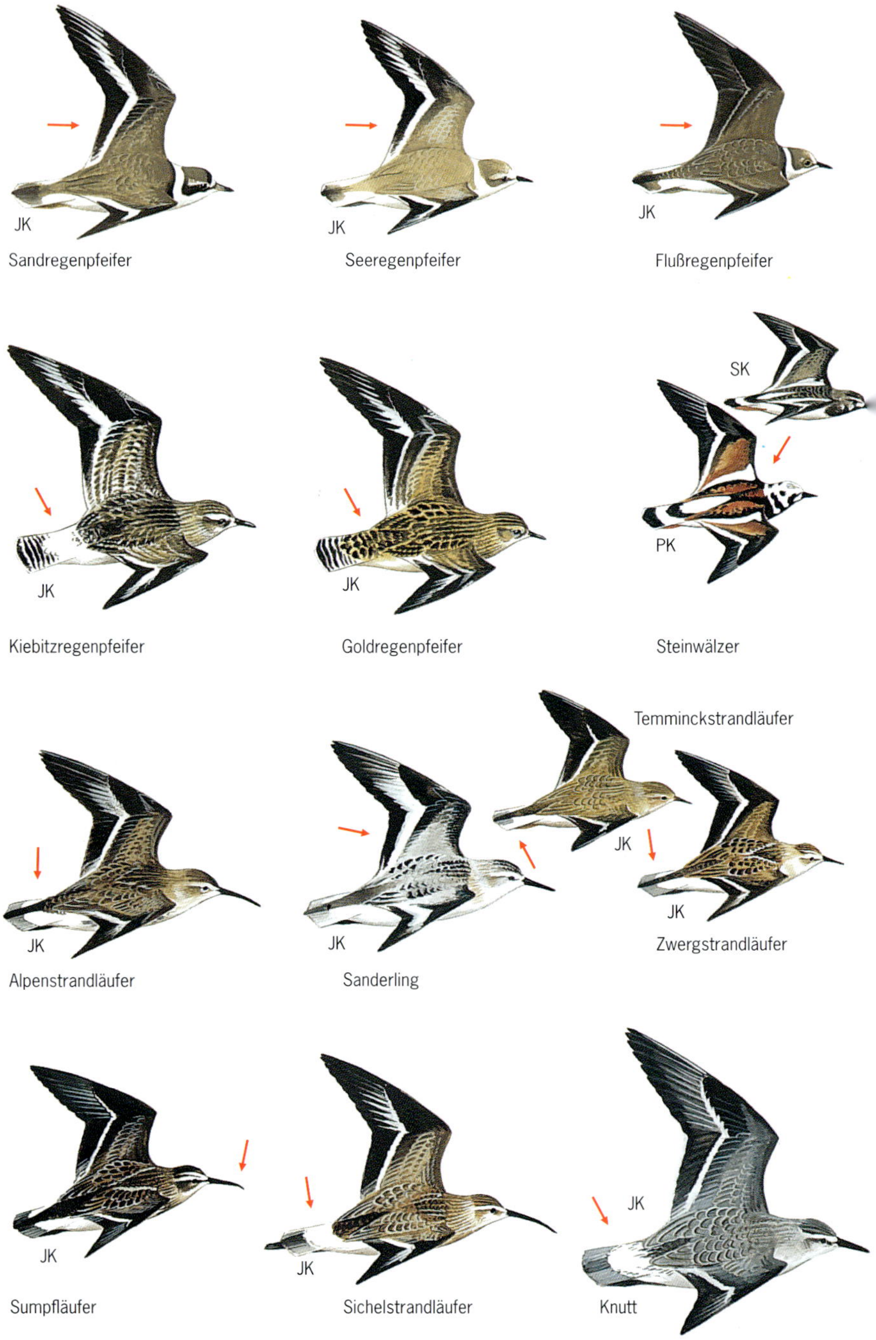
JK
Sandregenpfeifer
JK
Seeregenpfeifer
JK
Flußregenpfeifer
JK
Kiebitzregenpfeifer
JK
Goldregenpfeifer
SK
PK
Steinwälzer
Temminckstrandläufer
JK
Alpenstrandläufer
JK
Sanderling
JK
JK
Zwergstrandläufer
JK
Sumpfläufer
JK
Sichelstrandläufer
JK
Knutt

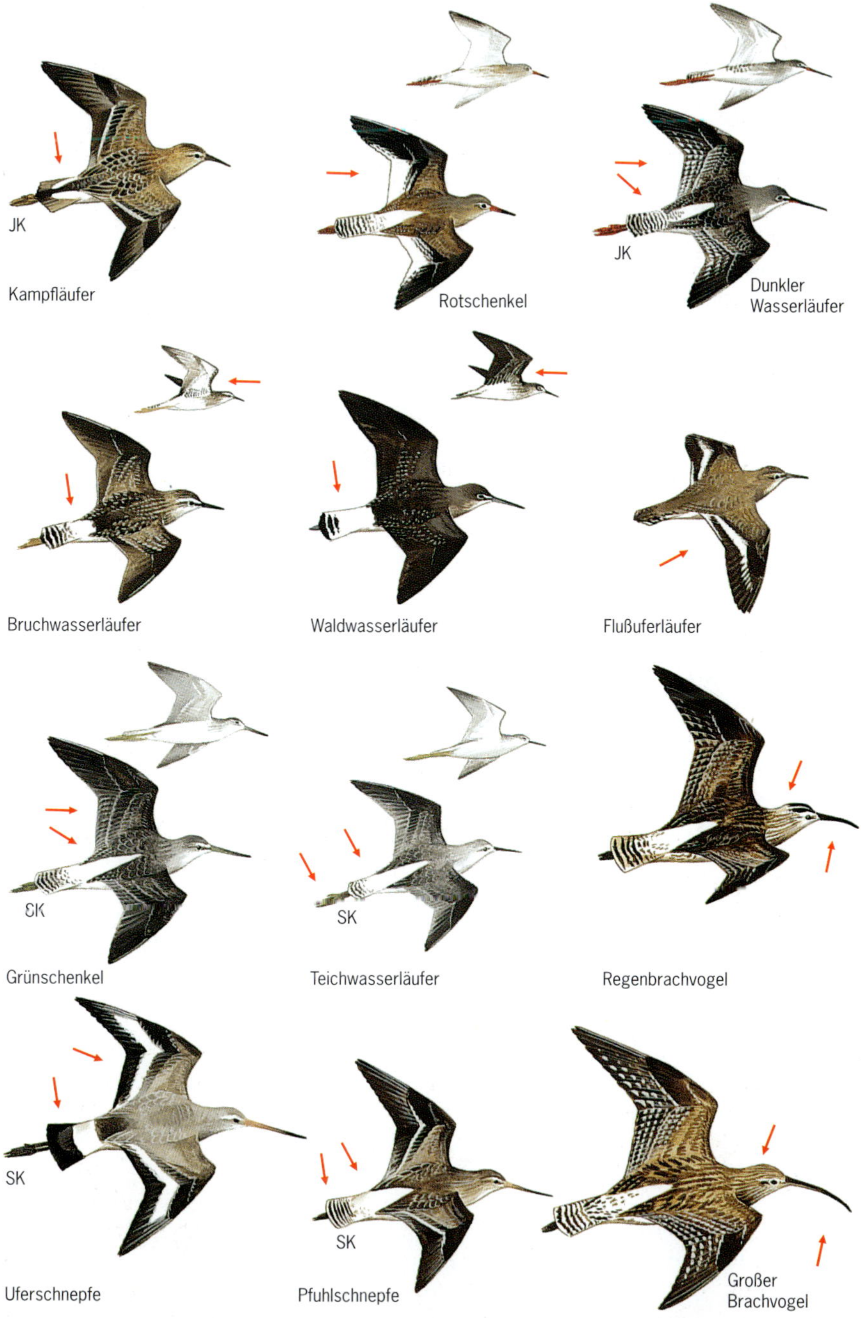
JK
Kampfläufer
Rotschenkel
JK
Dunkler Wasserläufer
Bruchwasserläufer
Waldwasserläufer
Flußuferläufer
SK
Grünschenkel
SK
Teichwasserläufer
Regenbrachvogel
SK
Uferschnepfe
SK
Pfuhlschnepfe
Großer Brachvogel

1 Lachmöwe *Larus ridibundus* **G** 38 cm, Sp 95 cm **K** Häufigste Möwe im Binnenland, meist in Trupps; Beine und Schnabel gelb- bis dunkelrot, weißer Keilfleck auf Oberflügel; im PK dunkelbraune Kapuze, sonst weißköpfig mit dunklem Ohrfleck, im JK oberseits braun gefleckt. **S** Ruft kreischend „chräa" und „kekek". **L** Brutkolonien an verschilften Teichen, im Winter Gewässer aller Art, auch Parkteiche, Felder und Deponien. **V** BJZW.

2 Schwarzkopfmöwe *Larus melanocephalus* **G** 40 cm, Sp 100 cm **K** Ähnlich 1, aber Schnabel kräftiger, Altvögel mit rein weißer Flügelspitze, im PK schwarze Kapuze tiefer in Nacken reichend, sonst deutlicherer Ohrfleck, unausgefärbt anfangs mit hellem Flügelstreif, später kleine, schwarze Flügelspitzenflecke. **S** Tiefer und nasaler als 1 „gääh". **L** Wie 1. **V** bj, selten.

3 Zwergmöwe *Larus minutus* **G** 26 cm, Sp 68 cm **K** Kleinste Möwe, bei Altvogel weißspitzige Flügel unten schwarz, im PK Kapuze schwarz; Jungvögel mit Zickzackband auf Flügel. **S** Ruft „keck". **L** Osteuropäische Teiche, sonst alle Gewässer. **V** Z 4-5, 8-10, w, ausnahmsweise b.

4 Sturmmöwe *Larus canus* **G** 40 cm, Sp 110 cm **K** Schnabel und Beine grünlichgelb, Auge dunkel, weißer Kopf im SK dunkel gestrichelt, Jungvögel braunflügelig; insgesamt wie Kleinausgabe von 5. **S** Ruft miauend „kiija" und „klii-ju-klii-ju". **L** Brutkolonien an Küsten, besonders Ostsee, im Binnenland häufiger Gast, aber selten b. **V** BJZW.

5 Silbermöwe *Larus argentatus* **G** 60 cm, Sp 140 cm **K** Häufigste und bekannteste Möwe der Küste, zunehmender Gast im Binnenland; groß, kräftiger Schnabel gelb mit rotem Fleck, Beine fleischfarben, Augen hell; Jungvögel braun, mit zunehmendem Alter grauer und weißer werdend. **S** Viele Rufe, z.B. „kjau-kjau", „gägägä", „aa-ou". **L** Große Kolonien an Küsten, vereinzelt Binnenland, dort zunehmend auf Seen und Mülldeponien. **V** BJZW.

6 Weißkopfmöwe *Larus cachinnans* **G** 60 cm, Sp 145 cm **K** Neubürger vom Mittelmeer (Unterart *michahellis*) und aus Mittelasien (*cachinnans*); ähnlich 5, aber langflügeliger, Kopf im SK und bei Jungvögeln weiß, bei Altvögeln Beine leuchtend (*michahellis*, auch Oberseite dunkler) oder blaß gelb, Auge dunkel (nur *cachinnans*). **L** Küsten und Binnenseen. **V** bZw.

7 Heringsmöwe *Larus fuscus* **G** 55 cm, Sp 130 cm **K** Schlanker und langflügeliger als 5, Altvögel mit gelben Beinen und dunkelgrauer bis schwärzlicher Oberseite, nur kleiner weißer Fleck vor Flügelspitze; Jungvögel dunkler braun als 5. **S** Ruft tiefer und nasaler als 5. **L** Häufig Nordsee, seltener Ostseeküste, Durchzügler auch Binnengewässer. **V** BZ 3-9, w.

8 Mantelmöwe *Larus marinus* **G** 70 cm, Sp 160 cm **K** Größte Möwe mit gewaltigem Schnabel, Altvögel mit rosa Beinen, schwärzlicher Oberseite und mehr Weiß auf Flügelspitze als 7; unausgefärbt ähnlich 5, ab zweitem Winter schwarze Mantelflecken. **S** Ruft sehr tief „kla-ou". **L** Nordeuropäische Küsten, ausnahmsweise Binnenland. **V** JW, gelegentlich auch b.

9 Eismöwe *Larus hyperboreus* **G** 65 cm, Sp 150 cm **K** Wie große, kräftige, helle 5, aber immer ohne jegliches Schwarz im Flügel; unausgefärbt hell sandbraun, rosa Schnabel mit schwarzer Spitze. **S** Ähnlich 5. **L** Brutvogel arktischer Küsten. **V** w.

10 Polarmöwe *Larus glaucoides* **G** 55 cm, Sp 135 cm **K** Wie 9, aber kleiner, schlanker und langflügeliger, bei Jungvögeln Schnabel überwiegend dunkel. **L** Grönländische Küste. **V** A.

11 Fischmöwe *Larus ichthyaetus* **G** 65 cm, Sp 160 cm **K** Groß mit flachem, im PK schwarzem Kopf und mächtigem Schnabel. **L** Vom Schwarzen Meer ostwärts an Steppenseen. **V** A.

12 Ringschnabelmöwe *Larus delawarensis* **G** 45 cm, Sp 125 cm **K** Ähnlich 4, aber Iris hell, Schnabel mit breiter, schwarzer Binde. **L** Brutvogel Nordamerikas. **V** A.

1. Winter
SK
PK
1
1. Winter
SK
PK
2
1. Winter
2. Sommer
SK
PK
3
1. Winter
PK
4
2. Winter
SK
PK
3. Winter
1. Winter
5
PK
1. Winter
6
1. Winter
PK westlich
PK östlich
7
1. Winter
PK
8
1. Winter
SK
9
1. Winter
SK
10
1. Winter
PK
11
1. Winter
PK
12

1 Dünnschnabelmöwe *Larus genei* **G** 42 cm, Sp 100 cm **K** Einer Lachmöwe im SK ähnlich, aber Kopf immer weiß, schwärzlicher Schnabel lang, in flache Stirn übergehend, Auge oft hell, Hals länger. **S** Nasaler als Lachmöwe. **L** Südeuropäische Küsten, Steppenseen. **V** A.

2 Dreizehenmöwe *Rissa tridactyla* **G** 40 cm, Sp 100 cm **K** Hochseevogel, ähnlich Sturmmöwe, doch Beine schwarz, Flügelspitze schwarz ohne weiße Flecken, Schnabel gelb; Jungvögel ähnlich Zwergmöwe mit Zickzackband auf Flügeln, aber mit schwarzem Nackenband und bedeutend größer. **S** Ruft miauend „kitti-wääh". **L** Große Brutkolonien an nordeuropäischen Felsküsten, sonst offenes Meer. **V** B (nur Helgoland), W, im Binnenland A.

3 Schwalbenmöwe *Larus sabini* **G** 32 cm, Sp 85 cm **K** Kleine Hochseemöwe, im Flug kennzeichnendes Muster aus schwarzem, weißem und grauem Dreieck auf Flügeln. **L** Brutvogel hocharktischer Küsten, überwintert Südatlantik. **V** z 9-10, nur Nordsee, sonst A.

4 Rosenmöwe *Rhodostethia rosea* **G** 30 cm, Sp 85 cm **K** Kleine Möwe der arktischen Packeiszone, unterseits rosa, graue Unterflügel, im PK schwarzes Halsband, im JK ähnlich Zwergmöwe, aber Schwanz keilförmig. **L** Arktische Küsten. **V** A.

5 Elfenbeinmöwe *Pagophila eburnea* **G** 43 cm, Sp 110 cm **K** Größere hocharktische Möwe, Altvögel ganz weiß, Jungvögel schmutzig gepunktet. **L** Packeiszone. **V** A.

WAT- UND MÖWENVÖGEL 3: RAUBMÖWEN

6 Skua *Stercorarius skua* **G** 58 cm, Sp 130 cm **K** Größte und schwerste Raubmöwe, Körpergröße übertrifft Silbermöwe, dunkelbraun mit weißem Handflügelfeld, keine Schwanzspieße. **S** Ruft tief „tök". **L** Nordeuropäische Küsten, Meer. **V** z 8-10, Nordsee.

7 Spatelraubmöwe *Stercorarius pomarinus* **G** 70 cm, Sp 180 cm **K** Körpergröße knapp Silbermöwe, spatelartige Schwanzspieße verdreht, Unterseite hell oder dunkel; JK dunkelbraun, zwei helle Halbmonde auf Unterflügel. **L** Arktische Tundra, Meer. **V** z 4-5, 8-10, selten.

8 Schmarotzerraubmöwe *Stercorarius parasiticus* **G** 50 cm, Sp 105 cm **K** Etwa sturmmöwengroß, mittlere Steuerfedern spitz verlängert, helle oder dunkle Unterseite; im JK braun mit düsterer Bänderung, nur ein weißer Halbmond auf Handflügel; am häufigsten zu sehende Raubmöwe. **L** Nordeuropäische Küsten, Meer. **V** z 4-5, 7-10, Küste, selten Binnenland.

9 Falkenraubmöwe *Stercorarius longicaudus* **G** 50 cm, Sp 100 cm **K** Kleinste Raubmöwe, etwa lachmöwengroß, aber Schwanzspieße extrem verlängert, Unterseite immer hell; JK grauer als 8, kürzerer Schnabel zweifarbig. **L** Tundra, Meer. **V** z 8-9, sehr selten.

WAT- UND MÖWENVÖGEL 4: SEESCHWALBEN

10 Lachseeschwalbe *Gelochelidon nilotica* **G** 36 cm, Sp 105 cm **K** Kräftiger schwarzer Schnabel, lange schwarze Beine, schwach gegabelter Schwanz, insgesamt möwenähnlich; jagt über Land. **S** Lachend „käväck". **L** Feuchtwiesen, Dünen. **V** bz 5-9, Nordsee, sehr selten.

11 Brandseeschwalbe *Sterna sandvicensis* **G** 38 cm, Sp 100 cm **K** Heller Gesamteindruck, schlanker Schnabel schwarz mit gelber Spitze, kurzer Schwanz, gewinkelte Flügel, Stirn oft weiß. **S** Ruft kennzeichnend rauh „kirr-rik". **L** Meeresküsten. **V** BZ 3-10, im Binnenland A.

12 Raubseeschwalbe *Sterna caspia* **G** 52 cm, Sp 135 cm **K** Mächtigste Seeschwalbe, fast silbermöwengroß, gewaltiger roter Schnabel, schwarze Beine. **S** Ruft reiherähnlich tief und heiser „kräkräsch". **L** Ostseeküste, sonst Südeuropa. **V** z 4-5, 7-9, ausnahmsweise b.

1. Winter
PK
1
1. Winter
PK
2
JK
PK
3
1. Winter
PK
4
1. Winter
PK
5
6
PK hell
7
PK hell
PK dunkel
8
PK
9
JK
PK
10
JK
PK
11
12

1 **Flußseeschwalbe** *Sterna hirundo* **G** 34 cm, Sp 88 cm **K** An der Küste häufigste, im Binnenland einzige brütende weiße Seeschwalbe; roter Schnabel mit schwarzer Spitze, rote Beine, gegabelter Schwanz reicht im Stehen bis Flügelspitze, Handflügel-Hinterrand verwaschen schwärzlich; im JK dunkler Flügelbug, gebänderte Oberseite; jagt stoßtauchend Fische. **S** Ruft „kit", „kirri", „krrri-jä". **L** Kolonien an Küsten, im Binnenland auf Kiesbänken. **V** BZ 4-9.

2 **Küstenseeschwalbe** *Sterna paradisaea* **G** 36 cm, Sp 86 cm **K** Ähnlich 1, doch Schnabel einfarbig dunkelrot, Beine kürzer, Schwanz überragt Flügel, Handflügel heller mit nur schmalem Hinterrand, im JK grauer. **S** Höher als 1. **L** Küsten. **V** BZ 4-9, im Binnenland A.

3 **Rosenseeschwalbe** *Sterna dougallii* **G** 38 cm, Sp 80 cm **K** Sehr hell, Schnabel fast schwarz, Schwanzspieße länger als 2, Beine höher als 1, wirkt kurzflügelig. **S** Ruft kennzeichnend „tschu-wik". **L** Küsten Westeuropas, sehr selten. **V** A.

4 **Zwergseeschwalbe** *Sterna albifrons* **G** 23 cm, Sp 52 cm **K** Kleinste weiße Seeschwalbe, gelber Schnabel mit schwarzer Spitze, Beine gelb, Stirn immer weiß, Schwanz kurz und kaum gegabelt. **S** Ruft „prit" und „wääch". **L** Sandküste, in Osteuropa auch Seen. **V** bz 5-9.

5 **Trauerseeschwalbe** *Chlidonias niger* **G** 23 cm, Sp 65 cm **K** Im PK unverwechselbar, rundum düster grau, Kopf und Bauch schwarz, im JK und SK dunkler Brustseitenfleck auf heller Unterseite kennzeichnend; pickt Nahrung im niedrigen Suchflug von Wasseroberfläche. **S** Ruft nasal „kjä". **L** Binnengewässer, Nest auf Schwimmblättern. **V** bZ 4-9.

6 **Weißbart-Seeschwalbe** *Chlidonias hybridus* **G** 24 cm, Sp 72 cm **K** Von 5 im PK durch helleren Grundton, grauen Bauch und weiße Kopfseiten unterschieden, im JK durch dunkel abgehobenen Mantel, fehlenden Brustseitenfleck und dickeren Schnabel. **S** Ruft hölzern „krrrk". **L** Binnengewässer Süd- und Osteuropas. **V** z 5-6, 8-9, selten.

7 **Weißflügel-Seeschwalbe** *Chlidonias leucopterus* **G** 22 cm, Sp 64 cm **K** Im PK ähnlich 5, aber schwarze Unterflügeldecken, hellere Oberflügel, weißer Schwanz, im grauen SK weißer Bürzel, kein Brustseitenfleck, im JK zusätzlich brauner Mantel. **S** Ruft hart „kerek". **L** Osteuropäische Binnengewässer. **V** z 5, 8-9, selten, manchmal in Trupps von 5.

WAT- UND MÖWENVÖGEL 5: ALKE

8 **Trottellumme** *Uria aalge* **G** 42 cm **K** Erinnert durch schwarze Oberseite und weißen Bauch an kleinen Pinguin; schwarzer Schnabel pfriemförmig. **S** Ruft schnarrend „aorr". **L** Meer, brütet an nordeuropäischen Küstenfelsen. **V** B (nur Helgoland, häufig), sonst W an Küste.

9 **Tordalk** *Alca torda* **G** 38 cm **K** Von 8 durch hohen Schnabel mit weißer Querbinde, ungestrichelte Flanken und im Flug weißere Unterseite unterschieden. **S** Ruft knurrend „urrr". **L** Meer, nordeuropäische Felsküsten. **V** b (nur Helgoland, selten), sonst w an Küste.

10 **Gryllteiste** *Cepphus grylle* **G** 31 cm **K** Rote Beine, schwarzer, pfriemförmiger Schnabel, weißes Flügelfeld, im PK sonst ganz schwarz, im SK und JK weiß mit düsterer Oberseite. **S** Balzt hoch zirpend „siirrrp". **L** Nordeuropäische Küsten. **V** A, meist Helgoland und Ostsee.

11 **Papageitaucher** *Fratercula arctica* **G** 28 cm **K** Durch dreieckigen, bunten Schnabel, helle Kopfseiten und orangefarbene Beine unverwechselbar. **S** Ruft selten und kurz „aohr". **L** Meer, Nordeuropäische Felsküsten. **V** A.

12 **Krabbentaucher** *Alle alle* **G** 18 cm **K** Winzig mit kleinem, schwarzem Schnabel; schwirrender Flug. **S** Trillert am Brutplatz. **L** Meer, riesige Brutkolonien in der Arktis. **V** w, durch Herbststürme oft in Deutsche Bucht geblasen, sonst A.

JK
PK
1
JK
PK
2
JK
PK
3
JK
PK
4
JK
PK
5
JK
PK
6
JK
PK
7
PK
SK
8
PK
SK
9
PK
SK
10
PK
SK
11
PK
SK
12

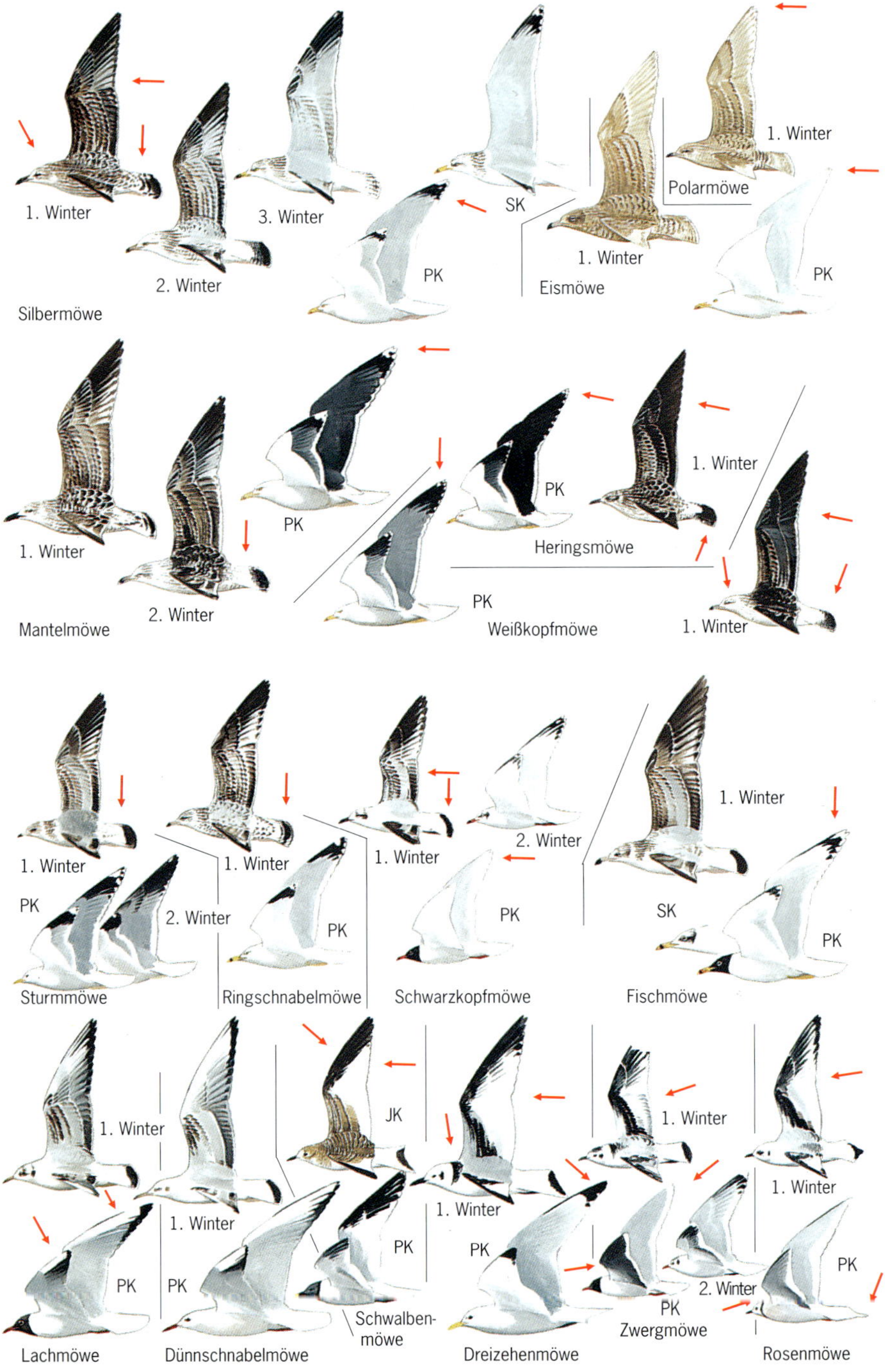
1. Winter
2. Winter
3. Winter
SK
PK
Silbermöwe
1. Winter
Polarmöwe
1. Winter
Eismöwe
PK
1. Winter
2. Winter
PK
Mantelmöwe
PK
1. Winter
PK
Heringsmöwe
PK
Weißkopfmöwe
1. Winter
1. Winter
1. Winter
PK
2. Winter
Sturmmöwe
PK
Ringschnabelmöwe
1. Winter
2. Winter
PK
Schwarzkopfmöwe
1. Winter
SK
PK
Fischmöwe
1. Winter
PK
Lachmöwe
1. Winter
PK
Dünnschnabelmöwe
JK
PK
Schwalben-
möwe
1. Winter
PK
Dreizehenmöwe
1. Winter
2. Winter
PK
Zwergmöwe
1. Winter
PK
Rosenmöwe

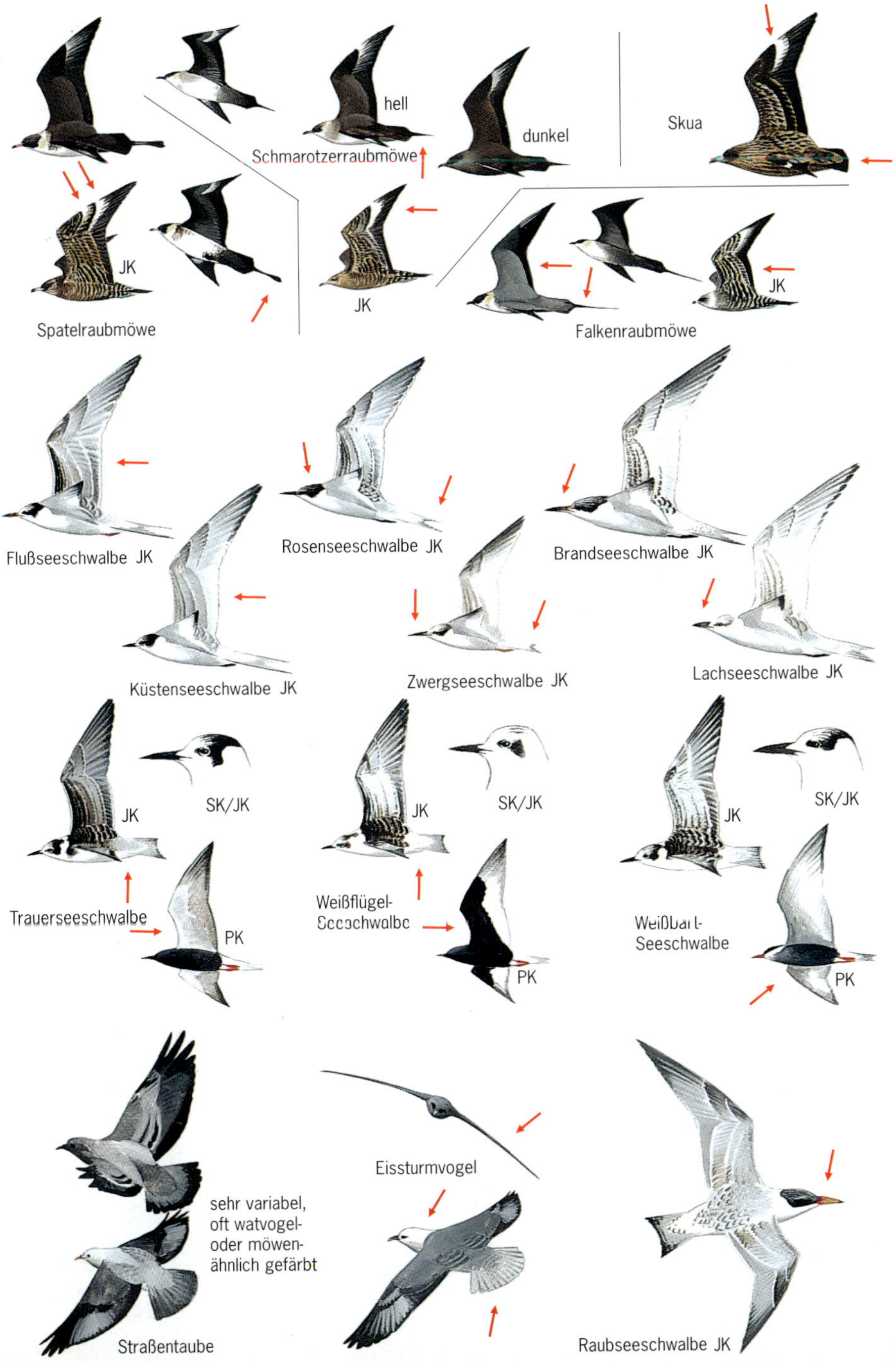
hell
Schmarotzerraubmöwe
dunkel
Skua
JK
Spatelraubmöwe
JK
JK
Falkenraubmöwe
Flußseeschwalbe JK
Rosenseeschwalbe JK
Brandseeschwalbe JK
Küstenseeschwalbe JK
Zwergseeschwalbe JK
Lachseeschwalbe JK
JK
SK/JK
Trauerseeschwalbe
PK
JK
SK/JK
Weißflügel-
Seeschwalbe
PK
JK
SK/JK
Weißbart-
Seeschwalbe
PK
sehr variabel,
oft watvogel-
oder möwen-
ähnlich gefärbt
Straßentaube
Eissturmvogel
Raubseeschwalbe JK

TAUBEN

1 Straßentaube *Columba livia* f. *domestica* **G** ca. 33 cm, Sp ca. 65 cm **K** Zuchtform der südeuropäischen Felsentaube, Größe und besonders Färbung extrem variabel, daher Verwechslung mit den verschiedensten Vogelarten möglich, aber meist schwarze Flügelbinden und weißer Bürzel. **S** Gurrend „du-rrru-du". **L** Städte, Dörfer, Felder. **V** BJ.

2 Hohltaube *Columba oenas* **G** 33 cm, Sp 66 cm **K** Grau, kein Weiß im Gefieder, kein Halsring, zwei schwarze Flügelbinden nur angedeutet, Bürzel grau. **S** Hohl „oo-uo oouo". **L** Wälder, Parks (Höhlenbrüter). **V** BZw.

3 Ringeltaube *Columba palumbus* **G** 40 cm, Sp 78 cm **K** Groß, weiße Flügelbinde, weißer Halsseitenfleck (fehlt Jungvögeln). **S** Dumpf „dru-du, du duu-du". **L** Wälder, Parks, Gärten, auch auf Feldern. **V** BZ, stellenweise W.

4 Turteltaube *Streptopelia turtur* **G** 27 cm, Sp 50 cm **K** Klein, Oberseite braun, schwarz gefleckt, schwarze Halsseitenstrichel, scharfe weiße Schwanzendbinde. **S** Schnurrend „turrrr turrr". **L** Offene Wälder, Auwälder, Feldgehölze. **V** BZ 4-9.

5 Türkentaube *Streptopelia decaocto* **G** 32 cm, Sp 50 cm **K** Hell graubraun, schwarzes Nackenband (fehlt Jungvögeln), im Flug grau auf Flügeln, verwaschen weiße Schwanzspitze. **S** Dumpf, aber heller als 3 dreisilbig „du-duuu du", im Flug heiser „chrää". **L** Menschliche Siedlungen, Parks. **V** BJ, erst etwa 1950 vom Balkan nach Deutschland eingewandert.

PAPAGEIEN, KUCKUCKE, SCHWALMVÖGEL, SEGLER

6 Halsbandsittich *Psittacula krameri* **G** 40 cm, Sp 45 cm **K** Leuchtend grün, langer Schwanz, ♂ mit schwarzem Halsring. **S** Laut kreischend „kiio", „ki-ak". **L** Parks. **V** bj, besonders in Südwest-Deutschland an mehreren Stellen eingebürgert, Heimat Asien.

7 Kuckuck *Cuculus canorus* **G** 33 cm, Sp 60 cm **K** Grau, Bauch quergebändert, Jungvögel und manche ♀ brauner; im Flug durch spitze Flügel und langen Schwanz falkenähnlich. **S** Gereiht „kuck-uh", ♀ lachend „bübübübü". **L** Fast alle Lebensräume. **V** BZ 4-9.

8 Häherkuckuck *Clamator glandarius* **G** 38 cm, Sp 62 cm **K** Ähnlich großem 7, aber Unterseite einfarbig hell, dafür graue Oberseite gebändert, leichter Schopf, Flügel der Jungvögel braun. **S** Ratternd „tjerr tjerr tjerr". **L** Offene Landschaften Südeuropas. **V** A.

9 Ziegenmelker *Caprimulgus europaeus* **G** 27 cm, Sp 57 cm **K** Rindenfarbig getarnt, meist auf Boden oder Ast sitzend, Flugbild ähnlich Falke, ♂ mit weißen Flügel- und Schwanzflecken; jagt nachts Insekten. **S** Nachts schnurrend „errrrrrörrrrrrr". **L** Heiden, Moore, Waldränder, offenes Gelände. **V** BZ 5-9, abnehmend.

10 Mauersegler *Apus apus* **G** 17 cm, Sp 45 cm **K** Schwärzlich, sichelförmige Flügel, Schwanz kaum gegabelt, reißender Flug, meist in Trupps. **S** Schrill „srrieh". **L** Menschliche Siedlungen (Gebäudebrüter), Felsen, jagt überall. **V** BZ 5-8.

11 Fahlsegler *Apus pallidus* **G** 17 cm, Sp 45 cm **K** Kaum von 10 unterscheidbar, etwas bräunlicher, größerer heller Kehlfleck. **S** Tiefer als 10, abfallend „vrij". **L** Städte, Felsen in Südeuropa. **V** Nur in der Südschweiz bz 4-10.

12 Alpensegler *Apus melba* **G** 22 cm, Sp 58 cm **K** Viel größer als 10, weiße Unterseite mit dunklem Brustband. **S** An- und abschwellend „tritritrititi". **L** Südalpen, Felsen und Städte Südeuropas. **V** bz 4-9, in Deutschland nur Freiburg, aber häufiger Österreich und Schweiz.

Zuchtform
Wildform
1
2
3
4
5
6
Variante
JK
7
JK / ♀
8
9
10
11
12

1 **Schleiereule** *Tyto alba* **G** 35 cm, Sp 90 cm **K** Weißer, herzförmiger Gesichtsschleier, insgesamt hell, Bauch weißlich bis gelblich. **S** Fauchend „schrch". **L** Offene Landschaft, als Brutplatz Gebäude. **V** BJ.

2 **Uhu** *Bubo bubo* **G** 70 cm, Sp 170 cm **K** Größte Eule, schwer und massig, lange Federohren; im Flug breite Flügel und kurzer Schwanz. **S** Balzt laut und tief „uu-hu", ♀ ruft auch rauh „rräh-he". **L** Felswände, Wälder, ausgesetzte Vögel auch in Städten. **V** bj.

3 **Waldohreule** *Asio otus* **G** 36 cm, Sp 90 cm **K** Viel kleiner (und häufiger) als 2, schlanker und schmalflügeliger; Iris orange, Bauch gestreift, Flügelspitze gebändert (vgl. 4). **S** Balzt alle 3 Sekunden dumpf „huu", ♀ ruft nasal „päääh". **L** Nadelwälder, Feldgehölze; brütet in alten Krähennestern. **V** BJZW.

4 **Sumpfohreule** *Asio flammeus* **G** 38 cm, Sp 95 cm **K** Heller als 3, Iris gelb, kurze Ohren oft unsichtbar, Bauch kaum gestreift, Augen schwärzlich umrandet, dunkle Flügelspitze, heller Flügelhinterrand; jagt oft bei Licht. **S** Im Balzflug „dudududududu", warnt „tschäff". **L** Moore, Heiden, Feuchtwiesen, offene Landschaft. **V** bzw.

5 **Zwergohreule** *Otus scops* **G** 20 cm, Sp 52 cm **K** Klein, rindenfarbig, kurze, dicke Federohren, gelbe Iris. **S** Flötend „tjuuk", ähnlich Geburtshelferkröte, oft im Duett. **L** Baumbestandene Kulturlandschaften Südeuropas. **V** In Süddeutschland lokal ausnahmsweise bz 4-9, sonst A.

6 **Waldkauz** *Strix aluco* **G** 38 cm, Sp 100 cm **K** Häufigste Eule, runder Kopf, dunkle Augen, breitflügelig und kurzschwänzig, Grundton von grau- bis rotbraun variierend. **S** ♂ balzt „huuh, hu-huhu huuh", ♀ ruft „kju-wit". **L** Wälder, Parks; brütet in Baumhöhlen. **V** BJ.

7 **Habichtskauz** *Strix uralensis* **G** 60 cm, Sp 130 cm **K** Größer, fahler und langschwänziger als 6; am Nest sehr aggressiv. **S** Balzt „wuhu, wuhu o-wuhu". **L** Nordeuropäische Taiga, lokal Bergland in Südost-Europa. **V** A, neuerdings ausgesetzt im Böhmerwald.

8 **Rauhfußkauz** *Aegolius funereus* **G** 25 cm, Sp 55 cm **K** Klein, aber Kopf groß, eckig, mit hellem Gesicht. **S** Flötenreihe mit Okarinaklang „pu pu pu-pupupupu", ruft „zjuck". **L** Nadel- und Mischwälder, meist im Bergland. **V** BJ.

9 **Steinkauz** *Athene noctua* **G** 22 cm, Sp 53 cm **K** Klein, braungrau, breiter, flacher Kopf, verwaschener Gesichtsschleier, oft waagerechte Körperhaltung, wippt bei Erregung, Wellenflug; oft tagaktiv, gern frei auf Warten sitzend. **S** Balzt langgezogen, ansteigend „guh-ug", ruft „kiu". **L** Offene Landschaft, Dörfer, als Brutplatz Gebäudenischen und gern Höhlen in Kopfweiden. **V** BJ, abnehmend.

10 **Sperlingskauz** *Glaucidium passerinum* **G** 17 cm, Sp 35 cm **K** Kleinste Eule, knapp starengroß, kleiner Kopf, Gefieder weiß geperlt und gebändert, weiße „Augenbrauen"; dämmerungsaktiv. **S** Herbstbalz tonleiterartig ansteigende Pfiffe, sonst gimpelähnlich „hjük". **L** Nadel- und Mischwälder mit Lichtungen, meist im Bergland. **V** BJ, lokal.

11 **Sperbereule** *Surnia ulula* **G** 38 cm, Sp 78 cm **K** Durch gebänderte Unterseite, langen Schwanz und spitze Flügel sperberähnlich, weißes Gesicht dunkel umrahmt; oft tagaktiv. **S** Langer Triller. **L** Offene Taiga Nordeuropas. **V** A.

12 **Schnee-Eule** *Nyctea scandiaca* **G** 60 cm, Sp 155 cm **K** Sehr groß, altes ♂ fast ganz weiß, ♀ und Jungvögel schwarzbraun gefleckt und gebändert; oft tagaktiv, frei auf niedrigen Warten sitzend. **S** Balzt stöhnend „gooh", warnt entenähnlich „kräk-kräk". **L** Nordeuropäische Tundra. **V** A.

1
dunkel
hell
2
3
4
5
6
braune/graue Variante
7
8
9
10
11
♀/JK
12

SPECHTE

1 Buntspecht *Dendrocopos major* **G** 23 cm, Sp 36 cm **K** Häufigster Specht, roter Steiß, weiße Schulterfelder, ungestrichelte Flanken, ♂ mit rotem Nackenfleck. **S** Ruft „kick“, kurzer, schneller Trommelwirbel. **L** Wälder, Parks, Gärten. **V** BJ.

2 Mittelspecht *Dendrocopos medius* **G** 20 cm, Sp 33 cm **K** Anders als bei 1 ganzer Scheitel beider Geschlechter rot, Flanken gestrichelt, Steiß rosa. **S** Balzt quäkend „wääd wääd wääd“, ruft ähnlich 1 „kik“, trommelt nicht. **L** Eichenwälder. **V** BJ.

3 Kleinspecht *Dendrocopos minor* **G** 15 cm, Sp 26 cm **K** Kleinster Specht, Oberseite weiß quergebändert, Steiß ohne Rot, nur ♂ mit rotem Scheitelfleck. **S** Hell „kikikikiki“, trommelt länger, aber leiser als 1. **L** Wälder, Parks, Gärten. **V** BJ.

4 Blutspecht *Dendrocopos syriacus* **G** 23 cm, Sp 36 cm **K** Ähnlich 1, aber ohne Verbindung zwischen schwarzem Bartstreif und Nacken, Steiß heller, kaum Weiß im Schwanz. **S** Weicher als 1 „güg“. **L** Lockere Baumbestände Südost-Europas. **V** A, aber BJ in Ostösterreich.

5 Weißrückenspecht *Dendrocopos leucotos* **G** 25 cm, Sp 39 cm **K** Größter schwarz-weiß-roter Specht, Rücken weiß, Schulterfedern gebändert, Steiß rosarot, Flanken stark gestrichelt. **S** Tiefer als 1 „köck“, Trommelwirbel länger, schneller werdend. **L** Bergwälder mit viel Totholz. **V** bj, in Deutschland nur Alpen und Böhmerwald.

6 Dreizehenspecht *Picoides tridactylus* **G** 22 cm, Sp 33 cm **K** Kein Rot im Gefieder (nur ♂ auf Scheitel gelb), Kopf und Flügel überwiegend schwarz, Weiß auf Unterseite und Mantel dunkel gebändert. **S** Ruft „kjük“, trommelt länger und langsamer als 1. **L** Naturnahe Bergwälder. **V** bj, in Deutschland nur Alpen, Böhmer- und neuerdings Schwarzwald.

7 Grauspecht *Picus canus* **G** 26 cm, Sp 39 cm **K** Überwiegend grün, Kopf grau, nur beim ♂ Vorderscheitel rot; oft am Boden. **S** Abfallende Pfiffe „kjükjükjükjü-kjü-kjü kjü“, langes, schwaches Trommeln. **L** Wälder, Parks. **V** BJ, fehlt in Norddeutscher Tiefebene.

8 Grünspecht *Picus viridis* **G** 30 cm, Sp 41 cm **K** Groß, grün, Scheitel beider Geschlechter rot, ♂ mit rotem Wangenstreif; meist am Boden. **S** Hell lachend „klüklüklüklüklü“, nicht abfallend, trommelt schwach und selten. **L** Offene Wälder. **V** BJ.

9 Schwarzspecht *Dryocopus martius* **G** 46 cm, Sp 66 cm **K** Größter Specht, ganz schwarz, bei ♂ Scheitel, bei ♀ nur Hinterkopf rot; waagerechter, krähenartiger Flug. **S** Ähnlich 8 ungebändigt „klöklöklöklöklö“, ferner langgezogen „kliöh“, im Flug „grigrigri“, langes, kräftiges Trommeln. **L** Alte Wälder. **V** BJ.

10 Wendehals *Jynx torquilla* **G** 17 cm, Sp 26 cm **K** Mehr an Singvogel als an andere Spechte erinnernd, rindenfarbig, meist auf Ameisensuche am Boden. **S** Nasal quäkend „päähd päähd päähd päähd“, trommelt nicht. **L** Offene Wälder, Obstplantagen, Parks. **V** BZ 4-9.

RACKENVÖGEL

11 Wiedehopf *Upupa epops* **G** 27 cm, Sp 44 cm **K** Durch „Indianerhaube“ und schwarzweiß gebänderte, runde Flügel unverwechselbar. **S** Hohl „hup-hup-hup“. **L** Offene Landschaft. **V** bz 4-9, besonders Süden und Osten.

12 Blauracke *Coracias garrulus* **G** 30 cm, Sp 70 cm **K** Krähengestalt, hellblau, brauner Mantel, Jungvögel blasser; sitzt meist auf hohen Warten. **S** Krächzend „rak-ak“, „rrahk“. **L** Offene Landschaft mit alten Bäumen in Südeuropa. **V** Früher b, heute A, aber b in Ostösterreich.

1
2
3
4
5
6
7
8
9
10
11
12
JK
JK

1 Bienenfresser *Merops apiaster* **G** 28 cm, Sp 46 cm **K** Bunt, Schwanzspieße; sitzt meist auf Drähten oder jagt im Flug Insekten, gesellig. **S** Rollend „prrüt". **L** Offene Landschaft Südeuropas mit Steilwänden als Brutplatz. **V** bz 5-9, lokal und selten.

2 Eisvogel *Alcedo atthis* **G** 17 cm, Sp 25 cm **K** Untersetzt, langer Schnabel, oben metallisch blau, unten orange. **S** Hoch und durchdringend „ti ti". **L** Gewässer aller Art. **V** BJZW.

SINGVÖGEL

LERCHEN

3 Haubenlerche *Galerida cristata* **G** 17 cm **K** Auffallende Haube, kräftiger Schnabel, heller und verwaschener als 4, im Flug kurzschwänzig, kein weißer Flügelhinterrand. **S** Rufe melancholisch „düi" und „di di düh", diese auch neben Imitationen im oft von Warten vorgetragenen Gesang. **L** Trockene, offene Landschaft, auch Straßen. **V** BJ, abnehmend.

4 Feldlerche *Alauda arvensis* **G** 18 cm **K** Hell bräunlich mit Streifen und Flecken, angedeutete Haube, Flügelhinterrand und Schwanzkanten weiß. **S** Allgemein bekannter jubilierender Fluggesang, ruft „dr-rüp". **L** Offene Landschaft, Felder, Wiesen. **V** BZ 3-10, w.

5 Heidelerche *Lullula arborea* **G** 15 cm **K** Kleiner und kurzschwänziger als 4, im Nacken zusammenlaufender Überaugenstreif, schwarzweißes Flügelfeld, nicht Schwanzkanten, sondern -spitzen weiß. **S** Ruft melodisch „düdeloi", lieblich jodelnder Gesang auch nachts. **L** Heiden, Bergwiesen, Lichtungen. **V** BZ 3-10, lokal.

6 Ohrenlerche *Eremophila alpestris* **G** 17 cm **K** Typisches Kopfmuster (bei Jungvögeln angedeutet), schwarze Beine, kaum gestreifte, blasse Oberseite. **S** Ruft hoch „pii", „tsie tuisi". **L** Nordeuropäische Bergwiesen, auch Balkangebirge. **V** W 10-4, besonders Küsten, manchmal in Feldlerchentrupps auf Stoppelfeldern.

7 Kurzzehenlerche *Calandrella brachydactyla* **G** 14 cm **K** Kleiner und heller als 4, ungestreifte Unterseite, dunkler Halsseitenfleck, deutlicher Überaugenstreif. **S** Ruft trocken „drüt" oder „tschüp", einfacher, zwitschernder Fluggesang. **L** Offene Landschaften Südeuropas. **V** A.

8 Stummellerche *Calandrella rufescens* **G** 14 cm **K** Von 7 durch deutliche Bruststrichelung und vor der Flügelspitze endende Schirmfedern unterschieden. **S** Surrend „drrrrd". **L** Offenes Gelände in Spanien und Südrußland. **V** A.

9 Kalanderlerche *Melanocorypha calandra* **G** 20 cm **K** Groß, Halsseitenfleck, dunkle Unterflügel. **S** Rauh rollend „tschürick". **L** Steppenartiges Gelände in Südeuropa. **V** A.

PIEPER UND STELZEN

10 Spornpieper *Anthus richardi* **G** 18 cm **K** Größter Pieper, ähnlich Feldlerche, hochbeinig mit langer Hinterkralle, oben kräftig gestreift, deutliche Bruststrichel. **S** Plötzlich und laut tschilpend „tschriep". **L** Offenes Gelände in Sibirien. **V** A, besonders Küsten im Herbst.

11 Brachpieper *Anthus campestris* **G** 16,5 cm **K** Groß, fahl, langschwänzig, kaum gestrichelt, Mittlere Armdecken dunkel hervortretend. **S** Ruft sperlingsartig „tschilp", singt gereiht „tsirli". **L** Trockenes, sandiges, offenes Gelände. **V** bz 5-9, lokal, besonders Osten.

12 Waldpieper *Anthus hodgsoni* **G** 14,5 cm **K** Kaum gestreifte Oberseite mit Olivton, kräftige Bruststrichel, markanter Überaugenstreif vor dem Auge gelblich, dahinter weißlich, anschließend weißer Fleck. **S** Ruft „tsiit", ähnlich Baumpieper. **L** Sibirische Taiga. **V** A.

1

2

3

4

5

6

7

8

9

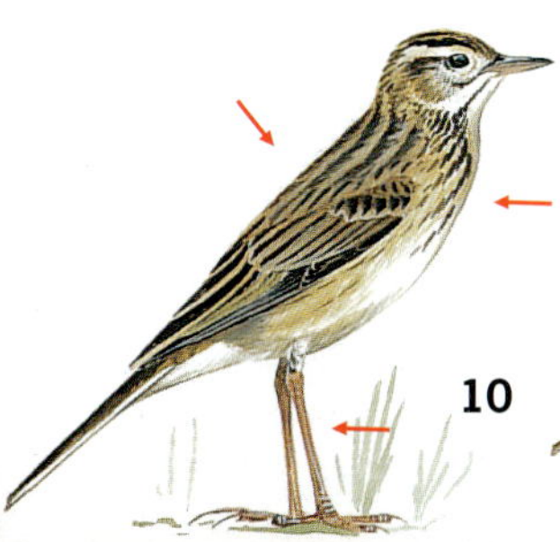

10

11

12

1 **Wiesenpieper** *Anthus pratensis* **G** 14,5 cm **K** Häufigster Pieper, unscheinbar bräunlich und gestreift, meist am Boden, Oberseite oft mit Grünstich. **S** Singt „tsip tsip tsi tsi tsirr tsia tsia“, typischer hoher, dünner Ruf „ist ist“. **L** Offenes, meist feuchtes Gelände. **V** BZ 3-11, w.

2 **Baumpieper** *Anthus trivialis* **G** 15 cm **K** Gelblicher und insgesamt sauberer als 1, schwache Flankenstrichelung, kurze Hinterkralle. **S** Bestes Kennzeichen: ruft „psii“, trillernder Singflug endet mit abfallendem „Zia zia zia“. **L** Waldränder, Lichtungen. **V** BZ 4-9.

3 **Rotkehlpieper** *Anthus cervinus* **G** 15 cm **K** Altvogel mit ziegelroter Kehle und Brust variabler Ausdehnung und Intensität, Jungvogel mit weißlichen Mantelstreifen und gestricheltem Bürzel. **S** Ruft hoch, lang „spiiih“. **L** Brutvogel skandinavischer Fjälls, rastet in Feuchtwiesen. **V** Z 4-5, 9-10.

4 **Bergpieper** *Anthus spinoletta* **G** 16 cm **K** Dunkle Beine, im PK oben graubraun, ungestrichelte Brust rosa, im SK oben düster braun, unten verwaschen breit gestrichelt. **S** Singt ähnlich 1, aber länger, ruft heiser „wiist wiist“. **L** Bergwiesen, im Winter Feuchtgebiete im Flachland. **V** B (nur Alpen, Böhmer- und Schwarzwald), W.

5 **Strandpieper** *Anthus petrosus* **G** 16 cm **K** Ähnlich 4, doch ganzjährig düster, Schwanzkanten grau statt weiß. **S** Wie 4. **L** Felsküsten Nord- und Westeuropas. **V** W 9-3, fast nur Küsten.

6 **Bachstelze** *Motacilla alba* **G** 18 cm **K** Allgemein bekannt und unverkennbar: schwarz-weiß-grau, langer, wippender Schwanz, im JK und SK Kopf heller, Kehle weiß; britische Unterart *yarrellii* (seltener Durchzügler) mit schwarzem Mantel. **S** Gesang zwitschernd, ruft „tsi-litt“. **L** Feuchtgebiete, Wiesen, offenes Gelände, auch in menschlichen Siedlungen. **V** BZ 3-10.

7 **Gebirgsstelze** *Motacilla cinerea* **G** 18,5 cm **K** Kopf und Mantel grau, Unterseite und Bürzel gelb, ♂ schwarzkehlig. **S** Einfacher, metallischer Gesang, ruft schärfer als 6 „tzi-zit“, warnt „züüh-it“. **L** Vorwiegend Fließgewässer. **V** BJ.

8 **Schafstelze** *Motacilla flava* **G** 17 cm **K** Mantel grünlich, ganze Unterseite gelb, ♂ mit grauem Kopf und weißem Überaugenstreif, ♀ mit grünlichem Kopf; ♂ weiterer europäischer Unterarten mit anderer Kopffärbung, bei uns teilweise als Durchzügler: häufig *thunbergi* aus Skandinavien, gelegentlich *flavissima* (Britische Inseln; selten Bruten an deutscher Nordseeküste), selten *feldegg* (Balkan), *iberiae* (Spanien, Südfrankreich) und *cinereocapilla* (Italien); zur Zugzeit in Trupps. **S** Singt kratzend „sri-srit“, ruft „psi“. **L** Wiesen, Feuchtgebiete. **V** BZ 4-9.

9 **Zitronenstelze** *Motacilla citreola* **G** 18 cm **K** Mantel grau, Brust und Bauch gelb, deutliche Flügelbinden, Kopf bei ♂ gelb mit schwarzem Nackenband, bei ♀ gräulich mit geschlossener Umrandung der Ohrdecken, diese auch bei grauen Jungvögeln im Herbst. **S** Rauher als 8 „psrri“. **L** Feuchtgebiete Osteuropas, breitet sich nach Westen aus. **V** A, neuerdings lokal bz 4-10.

SCHWALBEN

10 **Uferschwalbe** *Riparia riparia* **G** 13 cm **K** Oben braun, unten weiß mit braunem Brustband, Schwanz kaum gegabelt. **S** Trocken „kschrr“. **L** Feuchtgebiete; gräbt Bruthöhlen in Kolonien in Steilufer, z.B. Kiesgruben. **V** BZ 4-9.

11 **Felsenschwalbe** *Ptyonoprogne rupestris* **G** 15 cm **K** Größer als 10, kein Brustband, weiße Schwanzflecke, Unterflügeldecken dunkler abgesetzt. **S** Schwatzender Gesang, ruft „pit“, „trit“ und „tsrij“. **L** Klippen und Gebirge Südeuropas; Nest in Felsnischen. **V** bz 3-9, nur Alpen.

JK
1
2
3
PK
4
5
JK
6
♀
♀
♂
feldegg
♀
flava
thunbergi
iberiae
♂
7
♂
8
cinereocapilla
flavissima
8
♀
9
♂
10
11

1 Mehlschwalbe *Delichon urbica* **G** 13 cm **K** Oberseite metallisch blauschwarz mit kennzeichnendem weißem Bürzel, Unterseite ganz weiß. **S** Ruft kurz „prrit“, bei Gesang wiederholt. **L** Menschliche Siedlungen, offene Landschaft; Nest außen an Gebäuden. **V** BZ 4-10.

2 Rauchschwalbe *Hirundo rustica* **G** 20 cm **K** Oberseite einfarbig metallisch blauschwarz, Kehle dunkel, langer Schwanz tief gegabelt. **S** Zwitschernder Gesang mit kratzenden Lauten, ruft flüssig „wit“, bei Alarm scharf „zli-vit“. **L** Menschliche Siedlungen, offene Landschaft, Feuchtgebiete; Nest in Gebäuden. **V** BZ 4-10.

3 Rötelschwalbe *Hirundo daurica* **G** 18 cm **K** Ähnlich 2, Bürzel und Nacken rostfarben, Unterschwanz schwarz, Kehle hell. **S** Nasal „tschrit“. **L** Felsiges Gelände in Südeuropa. **V** A.

SEIDENSCHWÄNZE, WASSERAMSELN, ZAUNKÖNIGE, BRAUNELLEN

4 Seidenschwanz *Bombycilla garrulus* **G** 18 cm **K** Starengroß, kakaobraun, Haube, schwarzer Kinnfleck; meist in Trupps in Beerensträuchern. **S** Hell klingelnd „sirrrr“. **L** Taiga Nordost-Europas, im Winter auch Gärten und Parks in Mitteleuropa. **V** W 10-4.

5 Wasseramsel *Cinclus cinclus* **G** 18 cm **K** Kurzschwänzige Gestalt wie riesiger Zaunkönig, weißer Brustlatz; sitzt auf Steinen im Wasser, taucht und schwimmt. **S** Auch im Winter leise zwitschernder Gesang, ruft durchdringend „zrrt“. **L** Fließgewässer. **V** BJ.

6 Zaunkönig *Troglodytes troglodytes* **G** 10 cm **K** Winzig, oft gestelzter Schwanz, braun. **S** Laut und schmetternd mit Triller, ruft „zeck“ und rollend „zrrrr“. **L** Wälder, Parks, Gärten mit Gebüsch, gern am Wasser. **V** BJ.

7 Heckenbraunelle *Prunella modularis* **G** 15 cm **K** Unscheinbar braun gestreift, Kopf und Brust blaugrau, an Sperling erinnernd, aber Schnabel feiner. **S** Langer, etwas quietschender Gesang, ruft metallisch „stiiih“. **L** Wälder, Parks, Gärten; besucht Futterhäuser. **V** BJZW.

8 Alpenbraunelle *Prunella collaris* **G** 18 cm **K** Größer als 7, schwärzliche Armdecken, rostbraune Flankenstreifung, gefleckte Kehle. **S** Lerchenartig zwitschernder Gesang, ruft „djürr-rrüp“ und „tjüp“. **L** Gebirge oberhalb der Baumgrenze. **V** bj, nur Alpen.

DROSSELN

9 Rotkehlchen *Erithacus rubecula* **G** 14 cm **K** Allgemein bekannt und beliebt, Stirn, Kopfseiten und Brust rostorange, Schwanz einfarbig braun; viel am Boden, „knickst“. **S** Hell perlender Gesang, auch im Winter, ruft „tick“. **L** Wälder, Gärten, Parks; besucht Futterhäuser. **V** BJZW.

10 Nachtigall *Luscinia megarhynchos* **G** 16,5 cm **K** Unscheinbar, oben einfarbig braun, Schwanz rostbraun. **S** Singt auch nachts flötend, schluchzend, mit Crescendo, warnt ansteigend „hijt“ und „karr“. **L** Unterholzreiche Wälder, Parks, feuchte Dickichte. **V** BZ 4-9.

11 Sprosser *Luscinia luscinia* **G** 16,5 cm **K** Ähnlich 10, aber dunkler braun, Brust verwaschen grau gewölkt. **S** Singt langsamer, tiefer und kräftiger als 10, ohne Crescendo, mit schlagendem „Tschuck-tschuck-tschuck“, ruft „hiit“, ohne Anstieg. **L** Wie 10, oft feuchtere Lebensräume. **V** BZ 5-9, nur Nordost-Deutschland.

12 Blaukehlchen *Luscinia svecica* **G** 14 cm **K** Rostrote Schwanzbasis, weißer Überaugenstreif, dunkles Brustband, ♂ blaukehlig mit weißem oder (in Skandinavien und lokal den Alpen) rotem Stern. **S** Singt silberhell klingelnd mit Imitationen, auch nachts, ruft „track“. **L** Vegetationsreiche Feuchtgebiete, Schilf, Sumpf. **V** bz 4-9.

1
2
3
4
5
6
7
8
9
10
11
12
♀
♂

1 **Hausrotschwanz** *Phoenicurus ochruros* **G** 14 cm **K** Durch häufiges Zittern des rostroten Schwanzes unverkennbar, alte ♂ sonst schwärzlich mit weißem Flügelfeld, einjährig aber meist noch wie ♀ düster graubraun. **S** Kurzer Gesang mit typischen knirschenden Lauten, oft in der Dämmerung, gern von Dächern und Antennen, ruft „vid tak-tk". **L** Menschliche Siedlungen, Häuser, Felsen; Nest oft in Mauernischen oder halboffenen Nistkästen. **V** BZ 3-10, vereinzelt w.

2 **Gartenrotschwanz** *Phoenicurus phoenicurus* **G** 14 cm **K** ♂ durch Unterseitenfärbung unverkennbar, ♀ ähnlich 1, aber heller, bräunlicher, wärmer getönt, unterseits heller beige. **S** Kurzer, wehmütiger Gesang schon in der Morgendämmerung, variabel und mit Imitationen, z.B. „huid trüi-trüi-trüi-sürü", warnt „huid tick-tick". **L** Offene Wälder, Gärten, Nest in Baumhöhlen oder Nistkästen. **V** BZ 4-9.

3 **Braunkehlchen** *Saxicola rubetra* **G** 12,5 cm **K** Weißer Überaugenstreif, Kehle und Brust orangebraun; benutzt wie 4 gerne Zäune, Stauden und Büsche als Sitzwarte. **S** Klarer, zwitschernder Gesang mit Imitationen, auch nachts, ruft „jü teck-teck". **L** Feuchtwiesen, Weiden, Heiden, Brachflächen. **V** BZ 4-9.

4 **Schwarzkehlchen** *Saxicola torquata* **G** 12 cm **K** Kopf und Kehle dunkel, Halsseitenfleck weiß, Brust rostbraun, ♀ blasser gefärbt. **S** Kurzer, zwitschernder Gesang, ruft „wiiht track-track". **L** Brachland, Heide, Gebirge. **V** bz 3-10.

5 **Steinschmätzer** *Oenanthe oenanthe* **G** 15 cm **K** Weißer Schwanz mit schwarzer Endbinde typisch, ♂ im PK oberseits grau, im SK wie ♀ bräunlich; gern auf niedrigen Sitzwarten. **S** Kurzer, knirschender Gesang, ruft „hiit" und „tschak". **L** Offenes Gelände, Brachland, Felsen, rastet zur Zugzeit gern auf Feldern. **V** BZ 4-10.

6 **Mittelmeer-Steinschmätzer** *Oenanthe hispanica* **G** 14,5 cm **K** ♂ mit schwarzer oder heller Kehle, letztere und ♀ sehr ähnlich 5, meist heller beige, schwarze Schwanzbinde schmaler, insgesamt sehr variabel. **S** Ähnlich 5. **L** Offene Landschaft Südeuropas. **V** A.

7 **Nonnensteinschmätzer** *Oenanthe pleschanka* **G** 14,5 cm **K** Kehle und Mantel bei ♂ schwarz, ♀ dunkler braun als 5 und 6. **S** Wie 6. **L** Felsregionen Südost-Europas. **V** A.

8 **Wüstensteinschmätzer** *Oenanthe deserti* **G** 15 cm **K** Schwanz ganz schwarz, nur Bürzel weiß, helle Schulterfedern, Kehle auch bei ♀ oft dunkel. **S** Trillernder Pfiff „djerrrü", warnt „tijü". **L** Halbwüsten und Steppen Nordafrikas und Mittelasiens. **V** A.

9 **Blauschwanz** *Tarsiger cyanurus* **G** 14 cm **K** Oberseits blaues ♂ mit orangefarbenen Flanken unverwechselbar, ♀ olivbraun mit blauem Schwanz und weißer Kehle. **S** Singt traurig „tjülü-tjülü-tjülürr", ruft „huid". **L** Sibirische Taiga. **V** A.

10 **Steinrötel** *Monticola saxatilis* **G** 19 cm **K** ♂ sehr bunt mit weißlichem Rückenfleck, ♀ braun mit hellerer Fleckung und Bänderung ähnlich 11, aber Schwanz rostbraun. **S** Flötender, amselartiger Gesang, auch im Flug, ruft „tack". **L** Steinige Bergwiesen in Südeuropa, selten auch Südalpen. **V** A.

11 **Blaumerle** *Monticola solitarius* **G** 20 cm **K** Kleiner als Amsel, ♂ rundum dunkelblau, ♀ braun, Unterseite heller gebändert, Schwanz dunkelbraun; scheu, sitzt gern auf Steinen. **S** Traurig flötender Drosselgesang, ruft selten „tschuk". **L** Felshänge in Südeuropa. **V** A.

12 **Erddrossel** *Zoothera dauma* **G** 28 cm **K** Große Drossel mit auffälligen, halbmondförmigen Flecken, im Flug schwarzweiß gebänderte Unterflügel; sehr scheu, meist in dichtem Unterholz versteckt. **S** Gesang ein monoton wiederholter, langer Pfeifton. **L** Sibirische Taiga. **V** A.

1
2
3
4
5
6
7
8
9
10
11
12

1 Amsel *Turdus merula* **G** 25 cm **K** Bekannter Gartenvogel, ♂ ganz schwarz mit gelbem Schnabel und Lidring, ♀ dunkelbraun, unterseits oft verwaschen gemustert, Jungvögel mit gelben Stricheln. **S** Schön flötender, abwechslungsreicher, oft etwas trauriger Gesang von erhöhten Punkten, schon im Morgengrauen und Spätwinter, vielfältige Rufe, z.B. „tschack-ack-ack", tief „gock", hoch „ziih" und rauh „srri". **L** Gärten, Baumgruppen, Wälder. **V** BJZW.

2 Ringdrossel *Turdus torquatus* **G** 25 cm **K** Ähnlich 1, aber mit weißem bzw. beigem Brustband, grauem Flügelfeld und bei skandinavischen Vögeln schwach, in den Alpen stark weißlich geschuppter Unterseite. **S** Einfacher Gesang aus 2-4 Flötentönen, ruft härter als 1 „tjack". **L** Skandinavische Fjälls, in Mitteleuropa Nadelwälder der Mittel- und Hochgebirge. **V** bz 4-10.

3 Misteldrossel *Turdus viscivorus* **G** 28 cm **K** Ähnlich 4, doch bedeutend größer, oberseits grauer mit hellen Rändern der Flügelfedern, weißen Unterflügeln, kräftiger quer getropfter Unterseite, weißen Flecken an Schwanzspitze. **S** Ähnlich langsamem Amselgesang mit Wiederholungen, kennzeichnender Ruf schnarrend „zrrrr". **L** Wälder, Parks. **V** BJZW.

4 Singdrossel *Turdus philomelos* **G** 22 cm **K** Blaß braun mit rahmweißer, dunkel gefleckter Unterseite, Unterflügeldecken lehmbraun. **S** Gesang aus schön flötenden und gequetschten Tönen, jeweils mehrfach wiederholt, ruft kurz „zip". **L** Gärten, Parks, Wälder. **V** BZ 3-10.

5 Wacholderdrossel *Turdus pilaris* **G** 25,5 cm **K** Kastanienbrauner Mantel kontrastiert zu grauem Kopf und Bürzel, Unterflügel weiß; meist in Trupps. **S** Gesang unscheinbar zwitschernd und zeternd, Ruf elsterähnlich schackernd „tschack-tschack-tschack". **L** Waldränder, Gehölze, Parks, zur Zugzeit oft auf Wiesen. **V** BJZW.

6 Rotdrossel *Turdus iliacus* **G** 20 cm **K** Von der ähnlichen 4 an rahmfarbenem Überaugenstreif, rostroten Flanken und Unterflügeldecken unterschieden. **S** Einfacher Gesang aus abfallenden Flötentönen und leisem Gezwitscher, ruft hoch „ziih". **L** Offene Wälder Nordost-Europas, zur Zugzeit Beerensträucher und Wiesen. **V** Ausnahmsweise b, sonst Z 4, 10-11, auch w.

7 Weißbrauendrossel *Turdus obscurus* **G** 22 cm **K** Kopf und Brust grau, weißer Überaugenstreif, Flanken orangebraun, Bauch ungefleckt. **S** Ähnlich 6 „siih". **L** Sibirische Taiga. **V** A.

8 Naumanndrossel *Turdus naumanni* **G** 24 cm **K** Zwei Unterarten: „Rostflügeldrossel" (a) mit markantem Kopfmuster, ober- und unterseits rostbraunen Flügeln, „Rostschwanzdrossel" (b) blasser, Unterseite und Schwanz rostbraun. **S** Ruft schrill „giih". **L** Sibirische Taiga. **V** A.

9 Bechsteindrossel *Turdus atrogularis* **G** 23 cm **K** Oberseite grau, Bauch weißlich, Unterflügeldecken rostrot, zwei Unterarten: „Schwarzkehldrossel" (a) Kehle schwarz, „Rotkehldrossel" (b) Kehle und Überaugenstreif rostrot. **S** Ruft „tschack". **L** Sibirische Taiga. **V** A.

STARE

10 Star *Sturnus vulgaris* **G** 21 cm **K** Schillernd schwarzes Gefieder mit hellen Flecken, Jungvögel ungefleckt graubraun, dreieckiges Flugprofil. **S** Abwechslungsreicher Gesang zwitschernd, voller Imitationen, ruft „tjürr". **L** Gärten, Wälder, fast überall. **V** BZ 3-10, auch W.

11 Rosenstar *Sturnus roseus* **G** 21 cm **K** Altvögel unverkennbar, Jungvögel heller als junge 10, Schnabel gelb, Bürzel und Zügel hell. **S** Ähnlich 10. **L** Offene Landschaften Südost-Europas. **V** A, in Ungarn gelegentlich bz, manchmal Invasionen.

12 Hirtenmaina *Acridotheres tristis* **G** 23 cm **K** Graubraun mit schwärzlichem Kopf, weißer Handflügelfleck. **S** Gesang an 4 erinnernd, aber rauher, ruft „kraah". **L** Meist menschliche Siedlungen. **V** Gefangenschaftsflüchtling, auch Freilandbruten, Heimat Asien.

♀
♂
1
♀
♂
2
3
4
5
6
b
7
8
a
b
9
a
JK
10
JK
11
12

1 Feldschwirl *Locustella naevia* **G** 13 cm **K** Häufigster Schwirl, braune Oberseite deutlich gestreift, Brust oft gestrichelt, breiter, runder Schwanz; meist in bodennaher Vegetation versteckt. **S** Minutenlanges, mechanisches, heuschreckenartiges Schwirren „serrrrrrrrrrr", auch nachts, ruft „schitt". **L** Dichte Vegetation innerhalb offener Landschaft. **V** BZ 4-9.

2 Rohrschwirl *Locustella luscinioides* **G** 14 cm **K** Ungestreift, oberseits dunkel, an Brust und Flanken heller rostbraun, Schwanz breit und gerundet. **S** Gesang ähnlich 1, doch tiefer und schneller, ruft wie Kohlmeise „tsching". **L** Größere Schilfgebiete. **V** bz 4-9.

3 Schlagschwirl *Locustella fluviatilis* **G** 13,5 cm **K** Brust verwaschen gestrichelt, Oberseite ungestreift graubraun, lange, braune Unterschwanzdecken mit weißen Spitzen. **S** Mechanisch wetzend „tze-tze-tze-tze-tze". **L** Feuchtes Dickicht, oft am Wasser. **V** bz 5-8.

4 Seidensänger *Cettia cetti* **G** 14 cm **K** Kompakt, rotbraune Oberseite mit kurzem, rundem, oft gestelztem Schwanz, heller Überaugenstreif. **S** Singt sehr laut und explosiv „plütt-plütt plitti plitti-plittplött", ruft „pex". **L** Pflanzendickicht am Wasser in Süd- und Südwest-Europa. **V** A.

5 Cistensänger *Cisticola juncidis* **G** 10 cm **K** Klein, ganze Oberseite kräftig gestreift, kurzer Schwanz unterseits weißspitzig; meist in bodennahem Pflanzendickicht verborgen. **S** Im wellenförmigen Singflug „zrip zrip zrip". **L** Offenes Gelände in Südeuropa, manchmal Brutvorstöße nordwärts bis in die Niederlande. **V** A.

6 Schilfrohrsänger *Acrocephalus schoenobaenus* **G** 13 cm **K** Oberseite schwach gestreift, langer, weißlicher Überaugenstreif. **S** Gesang schneller und abwechslungsreicher als 10, mit Imitationen, ruft „trr" und „tjäck". **L** Schilfgebiete, Sumpf. **V** B (selten im Südwesten), Z 4-9.

7 Seggenrohrsänger *Acrocephalus paludicola* **G** 12,5 cm **K** Von 6 durch deutliche helle Mantel- und markanten hellen Scheitelstreif unterschieden. **S** Singt träger und monotoner als 6 „errdididi". **L** Osteuropäische Seggensümpfe. **V** Extrem seltener b im Nordosten, sonst A.

8 Mariskenrohrsänger *Acrocephalus melanopogon* **G** 12,5 cm **K** Oberseite, Brust und Flanken mehr rostbraun getönt als bei 6, Scheitel dunkler, Überaugenstreif kräftiger, Flügel kürzer. **S** Ähnlich 10, doch mit kennzeichnenden, ansteigenden Flötentönen „lü lü lüü lüüh". **L** Binsen und Schilfgebiete. **V** A, aber B am Neusiedlersee.

9 Drosselrohrsänger *Acrocephalus arundinaceus* **G** 19 cm **K** Größter Rohrsänger, kräftiger Schnabel, deutlicher Überaugenstreif. **S** Laut knarrend „karre-kiet-karre-karre-kiet kiet", ruft „krek". **L** Schilfflächen und -streifen. **V** bz 5-9, stark abnehmend.

10 Teichrohrsänger *Acrocephalus scirpaceus* **G** 12,5 cm **K** Ungestreift braune Oberseite, besonders Bürzel rostbraun, schwacher Überaugenstreif, Beine braungrau. **S** Gesang eine Aneinanderreihung mehrfach wiederholter, meist rauher Töne, etwa „trr-trr-trr-tri-tri-tri-tiritiri", ruft knarrend „krrr". **L** Große und kleine Schilfbestände. **V** BZ 5-10.

11 Sumpfrohrsänger *Acrocephalus palustris* **G** 12,5 cm **K** Weniger rostbraun als 10, Beine hellbraun. **S** Abwechslungsreicher Gesang mit Tempiwechseln, voller Imitationen, dazwischen nasal „ti-zää", warnt „tschrr". **L** Gebüsch, Sümpfe, nicht nur am Wasser. **V** BZ 5-9.

12 Buschrohrsänger *Acrocephalus dumetorum* **G** 12,5 cm **K** Kaum von 11 unterscheidbar, aber Flügel kürzer, Überaugenstreif deutlicher als Augenring. **S** Vielfältiger als 11, oft „Tschek-tschek" und ansteigende Tonfolge eingeschoben. **L** Gebüsch in Osteuropa. **V** A.

13 Feldrohrsänger *Acrocephalus agricola* **G** 12 cm **K** Überaugenstreif markanter, Halsseiten heller, Flügel kürzer als 10. **S** Weniger lebhaft als 11. **L** Schilfgebiete Südost-Europas. **V** A.

1
2
3
4
5
6
7
8
9
10
11
12
13

1 **Gelbspötter** *Hippolais icterina* **G** 13 cm **K** Oberseits grünlich, unterseits gelb, helles Flügelfeld, graue Beine; Scheitel spitzer, Schnabel länger, weniger hektisch als Laubsänger. **S** Abwechslungsreicher Gesang mit Imitationen ähnlich Sumpfrohrsänger, aber aus höherer Vegetation, dazwischen miauend „giiäh“, ruft „tätäroit“. **L** Offene Wälder, Parks. **V** BZ 5-9.

2 **Orpheusspötter** *Hippolais polyglotta* **G** 13 cm **K** Von 1 durch kürzere Flügel ohne helles Feld und braune Beine unterschieden. **S** Melodischer als 1, mit eingestreutem, schilpendem „Trrr“ und „Tschret“. **L** Wie 1, aber nur Südwest-Europa, breitet sich gerade nach Nordosten aus. **V** bz 5-8 in Südwest-Deutschland, sonst A.

3 **Blaßspötter** *Hippolais pallida* **G** 13 cm **K** Hellbraun, kontrastarm, dreieckiges Kopfprofil, schlägt Schwanz abwärts. **S** Ähnlich Teichrohrsänger. **L** Gebüsch in Südeuropa. **V** A.

4 **Buschspötter** *Hippolais caligata* **G** 11,5 cm **K** Kleiner als 3, heller Überaugenstreif dunkel begrenzt. **S** Ähnlich leiser Gartengrasmücke, ruft „teck“. **L** Gebüsch in Osteuropa. **V** A.

5 **Mönchsgrasmücke** *Sylvia atricapilla* **G** 14 cm **K** Häufigste Grasmücke, grau, ♂ mit schwarzer, ♀ mit brauner Kopfplatte. **S** Wohltönend plaudernder Gesang mit klaren Flötentönen endend, warnt „teck“. **L** Gärten, Parks, Wälder. **V** BZ 4-10, vereinzelt w.

6 **Klappergrasmücke** *Sylvia curruca* **G** 13 cm **K** Oberseite einschließlich Flügel braungrau, Kopf grau, Ohrdecken dunkler, Unterseite weißlich. **S** Monoton klappernd „de-dedededede“, warnt „tschek“. **L** Gärten, Parks, Waldränder. **V** BZ 4-9.

7 **Dorngrasmücke** *Sylvia communis* **G** 14 cm **K** Ähnlich 6, doch Flügel rostbraun, Beine hell. **S** Kurze, rauh zwitschernde Strophe, auch im Singflug, ruft „wääädd wääd“, warnt „dschäär“. **L** Gebüsch in offener Landschaft, gerne Dornenhecken. **V** BZ 5-9.

8 **Gartengrasmücke** *Sylvia borin* **G** 14 cm **K** Einfarbig graubraun ohne besondere Abzeichen, Beine graubraun, Schnabel grau, Kopf gerundet; sehr zurückgezogen, meist im Blattwerk verborgen. **S** Laut, weich und melodisch zwitschernd, länger als 5, ohne deren klar flötende Schlußtöne, warnt „tschäk-tschäk“. **L** Offene Wälder, Parks. **V** BZ 5-9.

9 **Sperbergrasmücke** *Sylvia nisoria* **G** 15 cm **K** Grau mit gesperberter Unterseite und gelber Iris, Jungvögel aber ähnlich 8, doch langschwänziger, mit hellen Rändern der Flügelfedern. **S** Rauher, kurzer Gesang mit eingefügtem, ratterndem Ruf „rrrt-t-t-t-t“. **L** Offenes Gelände mit Gebüsch, gern Dornenhecken im östlichen Europa. **V** bz 5-9 in Ostdeutschland, sonst A.

10 **Samtkopf-Grasmücke** *Sylvia melanocephala* **G** 13 cm **K** Grau mit schwärzlichem Kopf und rotem Auge. **S** Warnt „tret-tret-tret“. **L** Häufig in Gebüsch in Südeuropa. **V** A.

11 **Orpheusgrasmücke** *Sylvia hortensis* **G** 15 cm **K** Größer als 10, helle Iris. **S** Lauter, amselähnlicher Gesang. **L** Gehölze und offene Wälder in Südeuropa. **V** A.

12 **Provencegrasmücke** *Sylvia undata* **G** 13 cm **K** Langer, oft gestelzter Schwanz, rostrote Unterseite. **S** Kurzer, rauher Gesang. **L** Gebüsch in Südwest-Europa. **V** A.

13 **Weißbart-Grasmücke** *Sylvia cantillans* **G** 12 cm **K** Weißer Bartstreif trennt grauen Kopf von orangeroter Brust, roter Lidring, ♀ blasser. **S** Ähnlich 10. **L** Gebüsch in Südeuropa. **V** A.

14 **Brillengrasmücke** *Sylvia conspicillata* **G** 12 cm **K** Ähnlich 7, aber kleiner, Kopf grauer, Augenring deutlicher, Brust rosa, ♀ blasser. **S** Ruft „trrrrr“. **L** Gebüsch in Südeuropa. **V** A.

15 **Dunkellaubsänger** *Phylloscopus fuscatus* **G** 11 cm **K** Braun ohne Grüntöne, braune Beine, weißlicher Überaugenstreif. **S** Ruft schnalzend „tschack“. **L** Feuchte sibirische Taiga. **V** A.

16 **Bartlaubsänger** *Phylloscopus schwarzi* **G** 12 cm **K** Robust mit großem Kopf und kräftigem Schnabel, Beine fleischfarben, Unterschwanzdecken rostgelb, deutlicher Überaugenstreif. **S** Ruft tief „twit“ und „tschk-tsch“. **L** Sibirische Taiga. **V** A, meist 10.

1
2
4
3
♀
5
♂
6
7
8
9
10
♂
11
♂
12
♂
13
♂
14
♂
16
15

1 Zilpzalp *Phylloscopus collybita* **G** 11 cm **K** Neben Fitis häufigster Laubsänger; klein, graugrün, sehr agil, Beine meist dunkel, Flügel kurz. **S** Singt fortwährend „zilp-zalp-zilp-zalp-zalp", ruft „huit". **L** Gärten, Wälder, Parks, Gebüsch, zur Zugzeit oft am Wasser. **V** BZ 3-10.

2 Fitis *Phylloscopus trochilus* **G** 11,5 cm **K** Stärker gelbgrün als 1, langflügeliger, Beine meist hell. **S** Gesang abfallend, etwas wehmütig „hilü didelü-dü-dü-düh", ruft „hu-id". **L** Gärten, Parks, Wälder, Buschgruppen. **V** BZ 4-9.

3 Waldlaubsänger *Phylloscopus sibilatrix* **G** 12 cm **K** Oberseits gelbgrün, gelbe Brust von weißem Bauch abgesetzt; in Baumkronen schwer zu entdecken. **S** Singt mit hellem Triller „zi-zi-zi-zirrrrrrrrrr" und flötend „düh düh düh düh", ruft „zip". **L** Alte Laubwälder. **V** BZ 4-8.

4 Berglaubsänger *Phylloscopus bonelli* **G** 11 cm **K** Oberseite grauoliv mit gelbem Bürzel, ganze Unterseite weißlich, offenes Gesicht. **S** Trillert langsamer als 3, ruft zweisilbig „tü-it". **L** Südeuropäische Bergwälder, gern Eichen. **V** bz 4-8, in Deutschland Alpen und Südwesten.

5 Grünlaubsänger *Phylloscopus trochiloides* **G** 11 cm **K** Ähnlich 2, aber Flügel mit einer Binde, Überaugenstreif deutlicher. **S** Heller, trillernder Gesang erinnert an Zaunkönig, ruft ähnlich Bachstelze „sri-litt". **L** Osteuropäische und asiatische Wälder. **V** A, besonders Ostseeküste.

6 Wanderlaubsänger *Phylloscopus borealis* **G** 12 cm **K** Von 5 durch vor Schnabel endenden Überaugenstreif, aber bis dort reichenden Augenstreif unterschieden. **S** Singt schwirrend „sresresresresre", ruft scharf „zrl". **L** Wälder in Nordost-Europa und Asien, gern Birken. **V** A.

7 Gelbbrauen-Laubsänger *Phylloscopus inornatus* **G** 10 cm **K** Klein, zwei Flügelbinden und Überaugenstreif gelb. **S** Ruft lispelnd „tsuist". **L** Sibirische Taiga. **V** A, besonders Helgoland.

8 Goldhähnchen-Laubsänger *Phylloscopus proregulus* **G** 9,5 cm **K** Unterscheidet sich von 7 durch gelben Scheitelstreif und Bürzel. **S** Ruft „hüüiiht". **L** Sibirische Taiga. **V** A, meist 10-11.

9 Wintergoldhähnchen *Regulus regulus* **G** 9 cm **K** Winzig, grünlich, Flügelbinde, leuchtender Scheitel schwarz umrahmt, kein Augenstreif. **S** Singt sehr hoch und vibrierend „sisisisisi", ruft hoch „sri-sri". **L** Nadel- und Mischwälder, auch Gärten mit Nadelbäumen. **V** BJZW.

10 Sommergoldhähnchen *Regulus ignicapillus* **G** 9 cm **K** Von 9 durch weißen Überaugen- und schwarzen Augenstreif unterschieden; fehlt im Winter. **S** Sehr hoch, schneller werdend und ansteigend „si si-sisisisisih", ruft wie 9. **L** Misch-, teilweise Laubwälder, Parks. **V** BZ 3-10.

SCHNÄPPER

11 Grauschnäpper *Muscicapa striata* **G** 14 cm **K** Unscheinbar graubraun, Brust und Stirn gestrichelt; jagt von Sitzwarten aus Fluginsekten. **S** Ruft scharf zirpend „zrrit", bei Gesang gereiht. **L** Offene Wälder, Parks, auch an Häusern (Halbhöhlenbrüter). **V** BZ 5-9.

12 Trauerschnäpper *Ficedula hypoleuca* **G** 13 cm **K** Oberseits schwarzbraun, Unterseite und Flügelbinde weiß, ♀ oberseits braun. **S** Singt rhythmisch mit verschiedenen Motiven, z.B. „ziwi ziwi tsüli tsüli wütie wütie züli sri", ruft scharf „pitt". **L** Laubwälder, Parks. **V** BZ 4-9.

13 Halsbandschnäpper *Ficedula albicollis* **G** 13 cm **K** ♂ von 12 durch weißes Halsband, ♀ durch weißes Handschwingenfeld unterschieden. **S** Singt mit langgezogenen, gepreßten Tönen, ruft „hiiip" **L** Laubwälder Südwest-Europas. **V** bz 5-8, nur Süddeutschland.

14 Zwergschnäpper *Ficedula parva* **G** 11,5 cm **K** Meist in Baumkronen versteckt; weiße Flecken an Schwanzbasis kennzeichnend, junge ♂ noch wie ♀ ohne orangefarbene Kehle. **S** Gesang mit rhythmischem Beginn und abfallendem Schluß „sri sri wüd wüd eida eida dü dü düh", ruft „srrrt". **L** Alte Laubwälder Osteuropas. **V** bz 5-9, fast nur im Osten.

1
2
3
4
5
6
7
8
9 ♂ ♀
10 ♂ ♀
11
12 ♂ ♀
13 ♂ ♀
14 ♂ ♀

1 Gartenbaumläufer *Certhia brachydactyla* **G** 13 cm **K** Oberseite rindenfarbig, Unterseite schmutzig weiß, langer, gebogener Schnabel; klettert an Baumstämmen hinauf, Nest hinter abstehender Rinde. **S** Singt hoch „ti ti titerit", ruft „tit-tit". **L** Gärten, Wälder. **V** BJ.

2 Waldbaumläufer *Certhia familiaris* **G** 13 cm **K** Wie 1, aber Oberseite eher rostbraun, Unterseite sauber weiß, Überaugenstreif deutlicher. **S** Gesang hoch und scharf, länger als bei 1, „zi zi zisirri-zisirirr", ruft „srri srri". **L** Parks, Mischwälder, bevorzugt Bergland. **V** BJ.

3 Kleiber *Sitta europaea* **G** 14 cm **K** Läuft auch kopfabwärts an Ästen. Kurzer Schwanz, Meißelschnabel, graue Oberseite, ♂ mit kastanienbraunen Flanken; verkleinert Einflugloch der Nisthöhle mit Lehm auf seine „Taillenweite". **S** Singt pfeifend „tiü tiü tiü" und „wiwiwiwiwi", ruft voll „twit". **L** Wälder, Parks, Gärten; besucht Futterhäuser. **V** BJ.

4 Kohlmeise *Parus major* **G** 14 cm **K** Häufigste Meise, schwarzer Längsstreif auf gelber Unterseite, Kopf schwarz mit weißem Wangenfeld. **S** Singt „zizidäh zizidäh" oder „tita tita", ruft u.a. „pink". **L** Gärten, Parks, Wälder; besucht Futterhäuser. **V** BJ.

5 Tannenmeise *Parus ater* **G** 11 cm **K** Kleiner als 4, weißer Nackenfleck größer, Unterseite beige ohne Längsstrich, einzige Meise mit zwei Flügelbinden. **S** Singt „wietze-wietze", ruft pfeifend „tii-e". **L** Nadelwälder, auch Nadelbaumgruppen in Parks. **V** BJ; manchmal im Herbst Invasionen aus Nordost-Europa, dann überall.

6 Blaumeise *Parus caeruleus* **G** 12 cm **K** Scheitel blau, weiß umrahmt, Blauton auf Flügeln und Schwanz, Unterseite mit schwachem Längsstrich. **S** Gesang silberhell klingelnd „zi zie zirrrr", Rufe vielfältig, oft „sisididi" und „zi-tschrrr". **L** Gärten, Wälder; besucht Futterhäuser. **V** BJ.

7 Sumpfmeise *Parus palustris* **G** 12 cm **K** Graubraun, glänzend schwarze Kopfplatte, helles Wangenfeld, schwarzer Kinnfleck; vgl. 8! **S** Gesang eine Folge etwa 6 gleicher Töne, „tjüptjüptjüp..." oder „titätitätitä...", ruft „pitschü" und „tschü". **L** Wälder, Gärten; besucht Futterhäuser. **V** BJ.

8 Weidenmeise *Parus montanus* **G** 12 cm **K** Ähnlich 7, aber Kopfplatte matt schwarz, Kopfseiten ausgedehnter und reiner weißlich, Kinnfleck größer, Kopf und Hals dicker, aufgehelltes Flügelfeld. **S** Singt wehmütig pfeifend „tjü tjü tjü ...", ruft gedehnt nasal „däääh" oder „zizi däääh däääh". **L** Wälder und Parks; auch am Futterhaus. **V** BJ.

9 Haubenmeise *Parus cristatus* **G** 12 cm **K** Schwarzweißer Kopf mit kennzeichnender Haube, Oberseite hellbraun. **S** Singt pfeifend z.B. „didu-didu-didu-djü", „zizi-gürrrl", ruft brodelnd „gürrr". **L** Nadel- und Mischwälder, selten auch Parks. **V** BJ.

10 Schwanzmeise *Aegithalos caudatus* **G** 15 cm **K** Kleiner Körper mit langem Schwanz, Kopf gestreift oder (im Osten) weiß.; meist im Trupp; Kugelnest mit Flechten verkleidet in Astgabeln. **S** Gesang dünn trillernd „wiwiwiwiwi", ruft trocken „tsrr". **L** Gebüschreiche Wälder, auch Parks. **V** BJW.

11 Beutelmeise *Remiz pendulinus* **G** 11 cm **K** Grauer Kopf mit schwarzer Maske (fehlt Jungvögeln); Hängenest ähnlich Wollsocke an Zweigen. **S** Singt leise „ziu-siu", ruft hoch, langgezogen, abfallend „ziiiiü". **L** Gehölze an Gewässern, Sumpfgebiete. **V** BZ 4-9.

12 Bartmeise *Panurus biarmicus* **G** 16 cm **K** Zimtbraun, langer Schwanz, nur ♂ mit schwarzem Bart, Jungvögel mit schwarzer Mantel- und Schwanzstreifung; Halmnest im Schilf. **S** Gesang leise zwitschernd „tschip tschip tschir", typischer Ruf nasal „tsching". **L** Ausgedehnte Schilfgebiete. **V** bj.

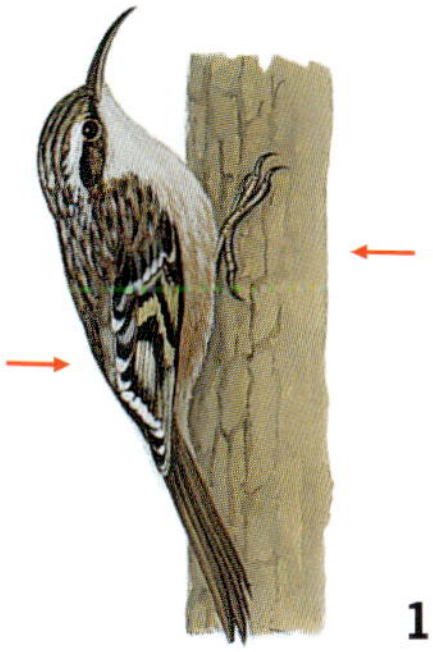

1

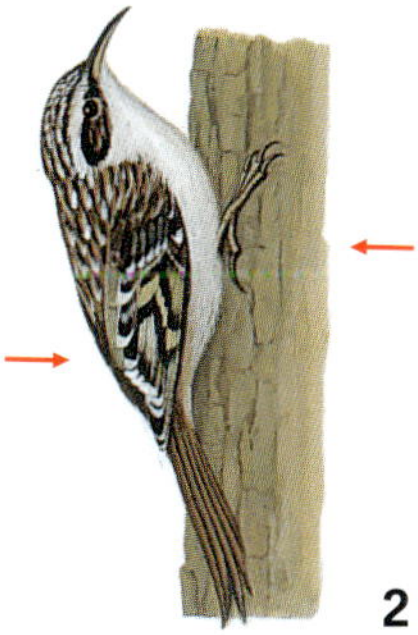

2

3

4

5

6

7

8

9

10

11

12

1 Mauerläufer *Tichodroma muraria* **G** 16 cm **K** Rotes Feld bei ständigem Flügelzucken typisch. **S** Singt gepreßt „tü trü zrjü", ruft dünn „zui". **L** Felswände. **V** bj, in Deutschland nur Alpen.

WÜRGER

2 Neuntöter *Lanius collurio* **G** 18 cm **K** Häufigster Würger, meist aufrecht auf Warten sitzend; ♂ sehr bunt mit rotbraunem Mantel, ♀ und Jungvögel blasser, Unterseite quer gewellt, kaum Weiß im Schwanz. **S** Singt plaudernd mit Imitationen, ruft „wääd" und „schack-schack". **L** Offene Landschaft mit Gebüsch, Hecken, Waldränder. **V** BZ 5-9.

3 Rotkopfwürger *Lanius senator* **G** 19 cm **K** Scheitel und Nacken kennzeichnend rotbraun, weiße Schulterflecken. **S** Singt variabel mit Imitationen, warnt trocken „schrrrrt". **L** Offenes Gelände in Südeuropa. **V** Nur in Südwest-Deutschland extrem seltener bz 4-9, sonst A.

4 Raubwürger *Lanius excubitor* **G** 24 cm **K** Einziger Würger im Winter; groß, schwarz, weiß und grau, Stirn grau. **S** Gesang einfach aus schrillen und rauhen Tönen zusammengesetzt, ruft „schrrrp". **L** Offenes Gelände mit Gehölzen und Sitzwarten. **V** bjW.

5 Schwarzstirnwürger *Lanius minor* **G** 20 cm **K** Ähnlich 4, doch Stirn schwarz, Flügel länger, Schwanz kürzer; nur im Sommer. **S** Ähnlich 3. **L** Offene Landschaften Südost-Europas. **V** Früher in Deutschland b, heute A, jedoch noch b in Ostösterreich.

6 Isabellwürger *Lanius isabellinus* **G** 18,5 cm **K** Fahl sandbraun, Schwanz rotbraun, weißer Handschwingenfleck, Oberseite ohne Wellung. **L** Vertritt 2 in Mittelasien. **V** A.

PIROLE

7 Pirol *Oriolus oriolus* **G** 24 cm **K** Meist im Laubdach versteckt; ♂ unverwechselbar, ♀ und junge ♂ gelbgrün mit gestrichelter Unterseite, Bürzel und Schwanzspitze gelb. **S** Singt voll flötend „düde-lio" („Vogel Bülow"), ruft krächzend „chrää". **L** Alte Laubwälder, Parks. **V** BZ 5-8.

KRÄHEN

8 Eichelhäher *Garrulus glandarius* **G** 35 cm **K** Häufig und allgemein bekannt, sehr bunt, blau gemustertes Flügelfeld, im Flug weiße Felder auf Bürzel und Armflügel kennzeichnend. **S** Ruft rätschend „chrää" und wie Bussard „hiäh". **L** Wälder, Parks, auch Gärten. **V** BJZW.

9 Tannenhäher *Nucifraga caryocatactes* **G** 33 cm **K** Dunkelbraun mit typischer weißer Tropfung, im Flug Schwanzspitze und -basis weiß; manchmal Einflüge der wenig scheuen sibirischen Unterart *macrorhynchos* (9 b) mit längerem, schlankerem Schnabel. **S** Hölzern „rrraaa". **L** Nadelwälder in Alpen und Mittelgebirgen, im Herbst auch Gärten. **V** BJ.

10 Elster *Pica pica* **G** 46 cm **K** Schwarzweiß und extrem langschwänzig. **S** Leise zwitschernder Gesang, lautes, heiseres Schackern. **L** Offenes Gelände mit Gehölzen, auch Städte. **V** BJ.

11 Alpendohle *Pyrrhocorax graculus* **G** 38 cm **K** Schwarz mit gelbem Schnabel, sehr vertraut (vgl. Amsel!). **S** Ruft „zi-eeh" und „schirrrr". **L** Hochgebirge. **V** bj, in Deutschland nur Alpen.

12 Alpenkrähe *Pyrrhocorax pyrrhocorax* **G** 40 cm **K** Von 11 durch längeren, roten Schnabel unterschieden. **S** Ruft „kiach". **L** Gebirge in Südeuropa. **V** A, aber noch bj in der Südschweiz.

13 Dohle *Corvus monedula* **G** 33 cm **K** Kleine Krähe mit grauem Nachen und heller Iris. **S** Hell „kjak". **L** Kulturlandschaft, brütet in Baumhöhlen, Gebäudenischen, Schornsteinen. **V** BJZW.

♀ /SK
♂
1
♀
♂
2
3
4
5
6
♀ /JK
♂
7
8
b
9
10
12
11
13
östlich

1 Kolkrabe *Corvus corax* **G** 65 cm, Sp 125 cm **K** Größte Krähe, bussardgroß, mächtiger Schnabel, keilförmiger Schwanz, breite Flügel, struppiges Kehlgefieder. **S** Tief und sonor „korrk" und „klong". **L** Wälder, Gebirge. **V** bj, war fast ausgerottet, nimmt derzeit wieder zu.

2 Saatkrähe *Corvus frugilegus* **G** 46 cm **K** Schnabel länger und schlanker als bei „Rabenkrähe", bei Altvögeln Schnabelgrund unbefiedert grau, Schenkelbefiederung struppiger. **S** Tief und nasal „korr". **L** Offene Kulturlandschaft mit Gehölzen; Koloniebrüter. **V** bjZW.

3 Aaskrähe *Corvus corone corone* **G** 46 cm, Sp 85 cm **K** Häufigste Krähe, westlich der Elbe schwarze Unterart *corone* („Rabenkrähe"), östlich die auf Bauch und Mantel graue *cornix* („Nebelkrähe"). **S** Krächzend „krrah". **L** Alle Landschaften, auch Städte; Einzelbrüter. **V** BJ.

SPERLINGE

4 Haussperling *Passer domesticus* **G** 15 cm **K** Allgemein bekannt und häufig; ♂ mit grauem Scheitel, rostbraunem Nacken, schwarzem Kehllatz und grauem Bürzel, ♀ an Kopf und Bürzel graubraun, Überaugenstreif gelblich. **S** Ruft „tschilp" und „tscherr", beim Gesang gereiht. **L** Überall im menschlichen Siedlungsbereich; besucht Futterhäuser. **V** BJ.

5 Feldsperling *Passer montanus* **G** 14 cm **K** Geschlechter gleich gefärbt, Scheitel rostbraun, Kopfseiten weiß mit schwarzem Fleck. **S** Ruft „töt", „tsuit" und „trrrt". **L** Kulturlandschaft, Dörfer, auch Wälder und Parks; besucht Futterhäuser. **V** BJ.

6 Steinsperling *Petronia petronia* **G** 14 cm **K** Ähnlich weiblichem Haussperling, aber markante Kopfstreifung, weiße Schwanzspitze. **S** Ähnlich 4. **L** Steiniges Gelände in Südeuropa. **V** A.

7 Schneesperling *Montifringilla nivalis* **G** 18 cm **K** Viel Weiß in Flügel und Schwanz, grauer Kopf, brauner Mantel (vgl. Schneeammer). **S** Stotternder Gesang, ruft „pschieh" und „prrt". **L** Alpen und Felsgebirge über der Baumgrenze in Südeuropa. **V** bj, in Deutschland nur Alpen.

FINKEN

8 Buchfink *Fringilla coelebs* **G** 15,5 cm **K** Flügelbinden und Schwanzkanten weiß, Bürzel grünlich, ♂ auf Kopf blaugrau und Brust braunrötlich, ♀ insgesamt graugrün. **S** Schmetternder Gesang mit abschließendem Schnörkel „dsedse-dsedserit-tscherrit", ruft „pink" und „jüpp". **L** Wälder, Parks, Gärten; besucht Futterhäuser. **V** BJZW.

9 Bergfink *Fringilla montifringilla* **G** 15,5 cm **K** Brust orange, Bürzel weiß, Kopf des ♂ im SK grau meliert, im PK schwarz; meist in Trupps. **S** Ruft nasal quäkend „äähng". **L** Skandinavische Wälder; besucht Futterhäuser. **V** ZW 10-4, ausnahmsweise b in Norddeutschland.

10 Gimpel *Pyrrhula pyrrhula* **G** 16 cm **K** Schwarze Kopfplatte, Bürzel und Flügelbinde weiß, ♂ unterseits rot, ♀ braungrau. **S** Unbedeutender, leise zwitschernder Gesang, Ruf wehmütig flötend „düh". **L** Wälder, Parks, Gärten; besucht Futterhäuser. **V** BJZW.

11 Karmingimpel *Carpodacus erythrinus* **G** 14 cm **K** Alte ♂ an Kopf, Brust und Bürzel rot, ♀ und junge ♂ olivbraun, unterseits schwach gestrichelt, angedeutete Flügelbinden, gestauchter Schnabel. **S** Singt laut flötend „tüte-hütja", „widje-widje-wü", ruft „djüi". **L** Gebüsch, Waldränder in Osteuropa, breitet sich aus. **V** bz 5-8, hauptsächlich Ostdeutschland.

12 Kernbeißer *Coccothraustes coccothraustes* **G** 18 cm **K** Gewaltiger Schnabel, Stiernacken, zwei Flügelfelder und Schwanzspitze weiß. **S** Singt leise knirschend, ruft scharf „zick". **L** Wälder, Parks, Gärten; besucht Futterhäuser. **V** BJW.

1
2
Nebelkrähe
3
Rabenkrähe
♀
♂
4
5
6
7
♀
♂
8
♀
♂ PK
9
♀
♂
10
♀/JK
♂
11
12

1 Girlitz *Serinus serinus* **G** 11 cm **K** Kleiner Fink mit winzigem Schnabel und gelbem Bürzel, ♂ gelb, ♀ blasser und stärker gestreift. **S** Gesang von Warten und im Flug klingt wie ungeölter Kinderwagen, ruft hell klingelnd „girr-litz". **L** Parks, Gärten, Waldränder. **V** BZ 3-10, w.

2 Zitronengirlitz *Serinus citrinella* **G** 12 cm **K** Gelblichgrün, ungestreift, grauer Nacken. **S** Kurzer, zwitschernder Gesang, ruft „djit" und „dji-di-di". **L** Nadelwälder südwest-europäischer Gebirge. **V** bjz, in Deutschland nur Alpen und Schwarzwald.

3 Erlenzeisig *Carduelis spinus* **G** 12 cm **K** Gelblichgrün, gestreift, Flügelbinden und Schwanzseiten gelblich, Schnabel relativ lang, bei ♂ Scheitel und Kinn schwarz; turnt im Gezweig. **S** Schneller, rollender, zwitschernder Gesang, ruft „dliüh". **L** Nadelwälder, im Winter Parks, Gärten mit Birken und Erlen; auch an Meisenknödeln. **V** BJZW.

4 Grünling *Carduelis chloris* **G** 15 cm **K** Groß, gelbgrün, kräftiger Schnabel, äußere Handschwingen gelb, ♀ dumpfer braungrün, Jungvögel gestrichelt. **S** Trillernder Gesang von Warte oder im schmetterlingsartig gaukelnden Flug, ruft „dschuit" und „djürrürrürrt". **L** Gärten, Parks, Kulturlandschaft; besucht Futterhäuser. **V** BJ.

5 Stieglitz *Carduelis carduelis* **G** 14 cm **K** Sehr bunt, rotes Gesicht (fehlt Jungvögeln), breit gelber Flügelstreif. **S** Trillernder Gesang mit eingestreutem, typischem Ruf „stige-litt". **L** Offene Kulturlandschaft mit Gebüsch, Gärten, Parks, gerne Brachflächen. **V** BJZW.

6 Bluthänfling *Carduelis cannabina* **G** 13 cm **K** Brust und Stirn des ♂ rot, Kopf grau, Mantel braun, ♀ ohne Rot, matter gefärbt, gestrichelt, aber weiße Handschwingenkanten kennzeichnend. **S** Hübscher Gesang aus schmetternden, zwitschernden und rollenden Tönen, ruft nasal „knetett". **L** Offene Landschaft mit Gebüsch, Gärten, Parks. **V** BZ 3-10, w.

7 Berghänfling *Carduelis flavirostris* **G** 13 cm **K** Ähnlich dem ♀ von 6, doch Kehle und feiner gestrichelte Brust ockergelb, Schnabel horngelb, Beine schwarz, ♂ mit rosa Bürzel. **S** Ruft nasal „tschäjt" und „dschätt". **L** Nordeuropäische Küstenheiden. **V** W 10-4, besonders Küste.

8 Birkenzeisig *Carduelis flammea* **G** 12,5 cm **K** Rote Stirn, schwarzer Kinnfleck, bei ♂ auch Brust und heller Bürzel rosa getönt; skandinavische Wintergäste grauer als die bräunlichen heimischen Brutvögel. **S** Ruft „tschöck-tschöck-tschöck", beim Gesang daran angehängt schwirrend „sörrr". **L** Bergwälder, zunehmend auch Gärten im Flachland; breitet sich derzeit aus. **V** bj, im Winter aus Skandinavien ZW.

9 Polarbirkenzeisig *Carduelis hornemanni* **G** 13 cm **K** Heller als 8, Bürzel und Unterschwanzdecken ungestrichelt weiß. **S** Wie 8. **L** Arktisches Weidendickicht. **V** A im Winter.

10 Hakengimpel *Pinicola enucleator* **G** 20 cm **K** Größter Fink, zwei weiße Flügelbinden, ♂ karminrot, ♀ gelbgrün. **S** Jodelnder Flötengesang, ruft „tjülidih". **L** Nördliche Taiga. **V** A.

11 Fichtenkreuzschnabel *Loxia curvirostra* **G** 17 cm **K** Gekreuzter Schnabel, alte ♂ rot, junge und ♀ graugrün, Bürzel gelblich; meist im Trupp an Fichtenzapfen hängend. **S** Gesang zwitschernd, ähnlich 4, darin eingestreut der typische, etwas metallische Ruf „glipp-glipp" oder „kip kip". **L** Fichtenwälder besonders im Bergland; brütet auch im Winter. **V** BJZW, manchmal Invasionen aus Nordeuropa.

12 Kiefernkreuzschnabel *Loxia pytyopsittacus* **G** 18 cm **K** Kaum von 11 zu unterscheiden, aber Schnabel kräftiger, Kopf und Nacken dicker; bevorzugt Kiefernzapfen. **S** Durchschnittlich etwas tiefer und kräftiger als 11 „göpp göpp". **L** Taiga in Nordost-Europa. **V** A.

13 Bindenkreuzschnabel *Loxia leucoptera* **G** 16 cm **K** Unterscheidet sich von 11 durch zwei breite, weiße Flügelbinden und weiße Spitzen der Schirmfedern. **S** Ganz anders als 11, trocken „tjeck tjeck" und nasal trompetend „ääap". **L** Nordost-europäische Taiga. **V** A.

♀
♂
1
2
♀
♂
3
♀
♂
4
5
♀/JK
♂
6
7
9
8
♀
♂
10
♀/JK
♂
11
♂
12
♀/JK
♂
13

1 Goldammer *Emberiza citrinella* **G** 16,5 cm **K** Häufigste Ammer, durch mehr oder weniger gelbes Gefieder und rotbraunen Bürzel leicht erkennbar. **S** Singt „zi-zi-zi-zi zi-zi züüüh", ruft „zick", „dsüh" und „zürrrl". **L** Offene Landschaft mit Hecken, Waldränder. **V** BJZW.

2 Zaunammer *Emberiza cirlus* **G** 16,5 cm **K** ♂ mit schwarzem Kinn und Augenstreif, ♀ von 1 durch braungrauen Bürzel, feinere Unterseitenstrichel und deutlichere Kopfstreifung unterscheidbar. **S** Singt monoton klappernd „tetetetete", ruft „zit" und „zie". **L** Offene Landschaft Südwest-Europas, gern Weinberge. **V** bjz, in Deutschland nur im äußersten Südwesten.

3 Zippammer *Emberiza cia* **G** 16 cm **K** Grauer Kopf mit markanter Streifung, Bauch rostbraun, ♀ insgesamt blasser. **S** Langer, schneller, klingelnder, an Zaunkönig erinnernder Gesang, ruft „zip" und „sii". **L** Felshänge in Südeuropa, Weinberge. **V** bz 3-10, nur im Südwesten.

4 Ortolan *Emberiza hortulana* **G** 16,5 cm **K** Olivgrauer Kopf, Kehle und deutlicher Augenring gelb, Schnabel rosa, ♀ blasser. **S** Viele Gesangsdialekte, oft „zie-zie-zie drü-drü-drü", ruft „plütt", „sie" und „tjüh". **L** Offene Kulturlandschaft, oft Sandboden. **V** bz 5-9, stark abnehmend.

5 Weidenammer *Emberiza aureola* **G** 15 cm **K** ♂ mit schwarzem Gesicht, kastanienbraunem Brustband, Scheitel und Mantel, ♀ von 1 an hellem Überaugenstreif, weißer Flügelbinde und kaum gestrichelter Unterseite unterschieden. **S** Singt ähnlich 4, mit ansteigenden Flötentönen, ruft „zick". **L** Offene Wälder, Wiesen, feuchte Dickichte in Nordost-Europa. **V** A.

6 Kappenammer *Emberiza melanocephala* **G** 17 cm **K** ♂ mit schwarzem Kopf, ♀ ohne weiße Schwanzkanten, Unterseite ungestrichelt, heller Augenring. **S** Ruft „pit". **L** Offene, buschbestandene Gebiete Südost-Europas. **V** A.

7 Braunkopfammer *Emberiza bruniceps* **G** 16,5 cm **K** Kopf und Brust des ♂ rotbraun, ♀ wie das von 6. **S** Wie 6. **L** Ersetzt die Kappenammer östlich der Wolga.**V** A bzw. Flüchtling.

8 Rohrammer *Emberiza schoeniclus* **G** 15 cm **K** ♂ durch schwarzen Kopf mit weißem Bart und Halsring unverkennbar, ♀ braun gestreift, deutlicher heller Bart- und schwärzlicher Kinnstreif. **S** Singt monoton „tsit tsrit tsrit tsrelitt", ruft lang „ziiüh" und rauh „dzü". **L** Schilfflächen, auch andere feuchte Dickichte. **V** BZ 3-10, vereinzelt w.

9 Zwergammer *Emberiza pusilla* **G** 13 cm **K** Klein, rostbraune Kopfseiten, heller Augenring, feine Unterseitenstrichelung, nicht bis zum geraden Schnabel reichender Wangenstreif, aber sehr ähnlich ♀ von 8. **S** Ruft scharf „zick". **L** Arktische Weidendickichte. **V** A, oft 5 und 9-10.

10 Waldammer *Emberiza rustica* **G** 15 cm **K** Schwarzweißes Kopfmuster des ♂ unverwechselbar, ♀ mit leberbrauner Brust- und Flankenfleckung, weißem Nackenfleck und Bauch, ungestreift rostbraunem Bürzel. **S** Ruft „tzitt". **L** Feuchte Wälder Nordeuropas. **V** A.

11 Fichtenammer *Emberiza leucocephalos* **G** 16,5 cm **K** Braun-weiße Kopfzeichnung des ♂ typisch, ♀ wie 1 ohne Gelb, dafür grauer. **S** Wie 1. **L** Vertritt 1 östlich des Ural. **V** A.

12 Spornammer *Calcarius lapponicus* **G** 16 cm **K** Rostbrauner Nacken, gelber Schnabel, schwarze Beine, bei ♂ Kopf und Kehle schwarz. **S** Ruft „prrrt-tju". **L** Nordeuropäische Tundra, im Winter Brach- und Deichvorland. **V** zw 9-4, besonders Küste, selten Binnenland.

13 Schneeammer *Plectrophenax nivalis* **G** 16 cm **K** Unterseite und Armschwingen weiß, im SK sandbraune Oberseite. **S** Ruft „tjü" und „prirrrit". **L** Nordeuropäisches Bergland. **V** W 10-3.

14 Grauammer *Miliaria calandra* **G** 18 cm **K** Groß, unscheinbar graubraun, oben gestreift, unterseits gestrichelt, kräftiger Schnabel. **S** Singt mit klingelndem Schluß „tick tick-tick-zick zsrrrrrs", ruft tief „tick". **L** Offene Kulturlandschaft mit Sitzwarten. **V** BJZ, stark abnehmend.

1
♀
♂
2
♀
♂
3
♀
♂
4
♀
♂
5
♀
♂
6
♂
7
♂
8
♀
♂
9
10
♂
11
♂
12
♂ PK
♀
13
♂ PK
♀/JK
14

Eier und Nester

Selbstverständlich spielt die Fortpflanzung im Leben des Vogels eine zentrale Rolle. Genauso selbstverständlich ist es aber auch, daß die Vögel während dieser sensiblen Phase unseres besonderen Schutzes bedürfen und daher jegliche Störung zu vermeiden ist. Inzwischen ist nicht nur das früher übliche Sammeln von Eiern verboten, sondern in den meisten Fällen sogar das Anfertigen von Fotos am Nest. Die Brutbiologie fast aller Vogelarten ist so gut erforscht, daß keinerlei Notwendigkeit mehr besteht, sie am Nest zu stören.

In diesem Buch werden die Eier, Küken und Nester nicht vollständig behandelt, da wir ihnen während der Vogelbeobachtung normalerweise nicht begegnen. Finden wir zur Brutzeit dennoch zufällig ein Nest, sollten wir uns sofort zurückziehen. Allerdings findet man manchmal zerbrochene Eischalen am Boden, stößt beim Reinigen von Nistkästen oder beim Heckeschneiden im Herbst auf ein verlassenes Nest, das sogar noch Eier enthalten kann, oder entdeckt es beim Waldspaziergang im Winter im dann kahlen Gebüsch.

Außerdem gibt es Arten, deren Nester sehr auffällig und schon aus großer Entfernung an ihrer charakteristischen Bauweise oder an ihrem typischen Standort erkennbar sind, und Nester, die sich in sicherer Entfernung befinden oder an Orten, wo sich die Vögel an den Menschen gewöhnt haben. Das gilt z.B. für den Weißstorch auf dem Schornstein oder den Höckerschwan am Parkteich, die Lachmöwenkolonie auf der Insel im See oder die Kohlmeise im Nistkasten vor dem Fenster. Hier können wir ruhig beobachten, ohne zu stören.

Auf den nachfolgenden vier Tafeln sind einige Vogeleier in natürlicher Größe abgebildet. Sie zeigen, quer durch die bei uns vorkommenden Vogelordnungen, die Vielfalt der Formen, Farben und Musterungen, die es durchaus ermöglichen, nahezu jede Vogelart anhand ihrer Eier zu bestimmen. Bei den hier vorgestellten Singvögeln wurden besonders solche Arten ausgewählt, die auch an Häusern und in Nistkästen, in Gärten und Parks brüten, deren Eier oder leere Eierschalen wir also unter den oben geschilderten Umständen durchaus einmal finden können. Bei den meisten Arten ist die Variationsbreite relativ gering, obwohl sie einander nie „wie ein Ei dem anderen" gleichen. Innerhalb mancher Arten ist die Färbungsvariation jedoch erheblich, wie die beiden abgebildeten Eier des Baumpiepers demonstrieren.

Zusätzlich sind auf drei weiteren Seiten einige typische Nester und Neststandorte dargestellt, die sich leicht erkennen lassen. Sie zeigen die Vielfalt der Nistweisen, die von der Ablage des einzigen Eis auf nacktem Felsuntergrund über das Graben von Erdhöhlen bis hin zu kunstvoll geflochtenen und fein ausgepolsterten Bauwerken reicht.

Seite 112

1 Haubentaucher tragen faulende Pflanzenteile zu einem schwimmenden Nest zusammen. Normalerweise werden die Eier zum Sichtschutz mit Pflanzen zugedeckt, bevor der brütende Altvogel das Gelege verläßt. Dieses Nest ist jedoch aufgegeben.

2 Kormorane bauen sperrige Nester aus Zweigen, meist in Kolonien. Oft werden die Bäume durch den Kot der Vögel kahl.

3 Höckerschwäne errichten am Gewässerrand große „Burgen“. Die Küken sind Nestflüchter.

4 Bläßhühner brüten in Schilfnestern, die in der Ufervegetation versteckt sind.

5 Lachmöwen nisten in Kolonien, die gemeinsam gegen Eindringlinge verteidigt werden.

6 Flußregenpfeifer legen ihre wie Kieselsteine gefärbten Eier in eine Bodenmulde, wo sie so gut getarnt sind, daß sie von Fußgängern leicht zertreten werden.

Seite 113

7 Trottellummen haben birnenförmige Eier, die selbst bei Sturm nicht von den schmalen Simsen der Meeresklippen rollen, da sie sich um ihren spitzen Pol drehen.

8 Rebhühner sind Bodenbrüter in Feldern und Wiesen, so daß ihre sonst gut getarnten Gelege häufig ausgemäht werden.

9 Mäusebussarde tragen Äste zu großen Nestern in hohen Bäumen zusammen.

10 Elstern überdachen ihr Zweignest und geben ihm damit eine typische Kugelform.

11 Buntspechte meißeln Bruthöhlen in Baumstämme. Diese ist jedoch von einem Star „erobert“ worden, wie die Kotkleckse am Einflugloch verraten.

12 Uferschwalben graben waagerechte Röhren in Steilwände, an deren Ende sich die Bruthöhle befindet.

Seite 114

13 Wasseramseln legen ihre backofenförmigen Moosnester in Nischen am Ufer von Fließgewässern an.

14 Teichrohrsänger hängen das Nest wie ein Körbchen zwischen Schilfhalmen auf.

15 Amseln verstecken ihr Nest sogar in Nischen von Gebäuden.

16 Singdrosseln verspachteln die Nistmulde mit Lehm, was Amseln nicht tun.

17 Kleiber verkleinern das Einflugloch zur Nisthöhle mit Lehm genau auf ihre „Taillenweite“.

18 Grasmücken bauen aus Halmen, Stengeln und Wurzeln ein kunstvolles Napfnest ins Gebüsch.

Buchfink
Haussperling
Bluthänfling
Stieglitz
Grünling
Goldammer
Feldlerche
Baumpieper
Baumpieper
Bachstelze
Wald-
baumläufer
Garten-
baumläufer
Kleiber
Kohlmeise
Blaumeise
Sumpfmeise
Schwanzmeise
Grau-
schnäpper
Neuntöter
Raubwürger
Gelbspötter
Winter-
goldhähnchen
Zilpzalp
Fitis
Wald-
laubsänger

Teich-
rohrsänger
Sumpf-
rohrsänger
Mönchs-
grasmücke
Klapper-
grasmücke
Drossel-
rohrsänger
Nachtigall
Stein-
schmätzer
Rot-
kehlchen
Garten-
rotschwanz
Haus-
rotschwanz
Braun-
kehlchen
Mauer-
segler
Wasseramsel
Ziegen-
melker
Rauch-
schwalbe
Mehl-
schwalbe
Hecken-
braunelle
Zaun-
könig
Sing-
drossel
Amsel
Pirol
Eichelhäher
Elster
Dohle
Star

Kiebitz
Bekassine
Aaskrähe
Flußregenpfeifer
Flußuferläufer
Flußseeschwalbe
Sperber
Turmfalke
Mäusebussard
Baumfalke
Wespenbussard

Teichhuhn
Schwarzmilan
Rebhuhn
Bläßhuhn
Jagdfasan
Silbermöwe
Lachmöwe
Austernfischer

1

2

3

4

5

6

7

8

9

10

11

12

13

14

15

16

17
20

18

Vogelstimmen

Zu den auffallendsten Eigenschaften der Vögel gehören ihre vielfältigen Lautäußerungen. Grundsätzlich unterscheidet man zwischen Gesängen und Rufen. Gesänge dienen der Abgrenzung eines Reviers, dem Anlocken von Weibchen und der Paarbindung. Oft sind sie kompliziert aufgebaut und bestehen aus zu Strophen zusammengefügten Elementen und Motiven, manchmal handelt es sich aber nur um die Aneinanderreihung von Rufen. Viele Arten sind in der Lage, die Stimmen anderer Vögel oder Geräusche aus ihrer Umgebung perfekt zu imitieren. Bei den meisten Arten singen nur die Männchen, bei einigen aber auch oder nur die Weibchen oder es gibt Duettgesang. Gesang ist keineswegs nur auf die Singvögel beschränkt, sondern kommt auch bei den anderen Vogelordnungen mit exakt derselben Funktion vor. Zwar sind die Gesänge hauptsächlich vor und während der Brutzeit zu hören, aber auch während des Zuges und sogar im Winter, wo sie der Abgrenzung von Nahrungsrevieren dienen.

Die Rufe sind meist einfacher aufgebaut und bestehen aus einem oder wenigen Elementen. Viele Arten besitzen unterschiedliche Rufe mit verschiedenen Funktionen, z.B. Art-, Kontakt-, Alarm-, Flug- oder Zugrufe.

Neben den Stimmlauten verfügen einige Vogelarten auch über sogenannte Instrumentallaute, z.B. das Schnabelklappern des Weißstorchs oder das Trommeln der Spechte.

Für den Vogelbeobachter ist die Kenntnis der Lautäußerungen nicht nur hilfreich und wichtig, sondern für die Bestimmung oft sogar ausschlaggebend. Natürlich dauert es sehr lange, bis man die einzelnen Rufe und Gesänge so gut im Ohr hat, daß man sie auf Anhieb wiedererkennt. Eine gute Lernhilfe sind die inzwischen zahlreich verfügbaren Tonträger mit Vogelstimmen (S. 131). Man darf sie übrigens nicht benutzen, um damit während der Brutzeit Vögel in der freien Natur anzulocken, da sie sonst bei der Fortpflanzung gestört werden. Viel lernt man auch auf gemeinsamen Wanderungen mit anderen Vogelfreunden, wie sie z.B. von Volkshochschulen angeboten werden. Der beste Weg ist jedoch, sich diese Kenntnis selbst zu erarbeiten. Es ist zwar mühsam, jeder unbekannten Vogelstimme so lange nachzugehen, bis man den Urheber endlich entdeckt hat und auch an seinem Aussehen bestimmen kann, aber erfahrungsgemäß bleibt das Erlernte auf diese Weise am besten im Gedächtnis haften.

Etwas einfacher wird es, wenn man bereits im Winter mit den wenigen, noch überschaubaren Stimmen beginnt und sich schrittweise mit der Ankunft weiterer Arten voranarbeitet, statt erst im Mai zu versuchen, den dann vollständig versammelten Chor des Vogelgezwitschers zu entwirren. Daher sind die nachfolgenden, als Lernhilfe und Gedächtnisstütze entworfenen Tabellen nach Jahreszeiten aufgebaut. Die komplizierten Stimmen der Zweigsänger sowie einige besondere Lebensräume sind in eigenen Tabellen behandelt.

Vogelstimmen auf dem Papier darstellen zu wollen, ist ein kaum lösbares Problem. Hinzu kommt, daß jeder Mensch sie subjektiv etwas anders wahrnimmt. Die hier gewählten, oft etwas seltsam aussehenden Buchstabenfolgen ergeben ein der tatsächlichen Stimme nahekommendes Klangbild, wenn man sie nicht in normaler Sprechstärke, sondern in lautem Flüsterton liest. Zwischen dem einzelnen Arten ist übrigens genug weißer Raum, um hier seine eigenen Höreindrücke niederzuschreiben.

TABELLE 1: ZWEIGSÄNGER

Viele Angehörige der Familie der Zweigsänger tragen besonders schöne Gesänge vor, die meist sehr kennzeichnend sind, sich bei einigen Arten aber sehr ähneln. Fast alle Arten leben aber so versteckt, daß man sie nur schwer beobachten kann und die Stimme oft das beste oder sogar einzige Merkmal ist. Dies gilt besonders für Artenpaare, die sich äußerlich kaum unterscheiden, aber ganz verschieden singen (z.B. Zilpzalp/Fitis, Teichrohrsänger/Sumpfrohrsänger). Daher werden die Gattungen der Zweigsänger hier in einer gesonderten Tabelle dargestellt.

GRASMÜCKEN

Gesang wohltönend, fast amselartig flötend, aber leiser und höher, anfangs leise plaudernd und perlend, dann in lange, klare, laute, manchmal wehmütige oder sich überschlagende Flötentöne übergehend, kürzer als Gartengrasmücke, Ende nicht zwitschernd wie Amsel; ruft hart „teck“ und schnalzend „tett-etetet“; Wälder, Gärten:	Mönchsgrasmücke, S. 92
Singt ähnlich Mönchsgrasmücke wohltönend, gleichmäßig mittellaut mit amselartigem Klang, aber Strophen länger, eher plappernd oder plaudernd und ohne lange Flötentöne am Schluß; warnt heiser schnalzend „tscheck-tscheck“; Wälder, Parks mit Unterholz:	Gartengrasmücke, S. 92
Kurzer, leiser, unterdrückt plaudernder Vorgesang (oft fehlend), dann laut, schnell, monoton, hölzern klappernd „te-dedededede“; oft auch mäuseartig hoch „zizizizizi“; ruft kurz „teck“; Waldränder, Gebüsch, Gärten:	Klappergrasmücke, S. 92
Singt oft frei sitzend kurz und rauh schwatzend, im häufigen Singflug lauter und länger, etwa im Rhythmus von „Wanderer, wo willst Du hin?“; ruft nasal „wäidwäidwädwäd“ und neuntöterartig „dschäähr“; Gebüsch in offener Landschaft, Wegränder, gerne Dornenhecken:	Dorngrasmücke, S. 92
Singt ähnlich Gartengrasmücke, aber kürzer und rauher, im Klang ähnlich Dorngrasmücke, oft mit eingestreutem, ratterndem „trrt-atatatat“, oft frei sitzend oder im Singflug; warnt knatternd „rrrt-t-t-t“; Dornenhecken in offener Landschaft, fast nur im Osten:	Sperbergrasmücke, S. 92

LAUBSÄNGER UND SPÖTTER

Singt einprägsam und eintönig seinen Namen „zilpzalpzilpzalp“, auch stammelnd „dilm delmdilmdelm“, „zipzapzipzap, zapzapzipzap“, manchmal eingestreut leise „trrrt“; ruft fast einsilbig „huit“; Wälder, Gärten, Gebüsch:	Zilpzalp, S. 94
Weicher, im Rhythmus fast buchfinkenähnlicher Gesang, aber zart, abfallend, mehr in Moll als in Dur „fitisifitisiwoidsisi“ mit gleichhohen	

Schlußtönen, auch „diedi di düedüe dea deida“; ruft im Vergleich zum Zilpzalp deutlicher zweisilbig „hu-id“; Wälder, Parks, Gebüsch: Fitis, S. 94

Silberhell schwirrender Gesang, bei dem einzelne, sich beschleunigende „zip“-Laute im Crescendo einem Schlußschwirren zueilen; daneben alternativ ein an Intensität zunehmendes, traurig flötendes „düh düh düh düh“, auch kurze Singflüge; ruft scharf „zip“ und warnt „tüh“; Laubwälder, meist in den Baumkronen verborgen: Waldlaubsänger, S. 94

Gesang ähnlich dem Schlußtriller des Waldlaubsängers, aber langsamer, klappernder, an helles Klingeln des Grünlings erinnernd „djüdjüdjüdjüdjü“; ruft auf beiden Silben betont „tu-it“; Bergwälder, fast nur im Süden: Berglaubsänger, S. 94

Singt bachstelzen- oder zaunkönigähnlich, hoch, laut, hastig, zum Ende schneller werdend und plötzlich abbrechend; ruft bachstelzenartig scharf „zilit“; unterholzreiche Wälder, oft an Hängen, in Deutschland nur ausnahmsweise: Grünlaubsänger, S. 94

Gesang ähnlich Sumpfrohrsänger, aber von hoher Warte und nur tagsüber vorgetragen, sehr abwechslungsreich und voller Imitationen und eiliger Wiederholungen, auch mit eingestreuten kratzenden, knarrenden und „tet“-Lauten und miauendem „giääh“; ruft typisch nasal „dide-roid“, warnt schnalzend „tät tät“; Laubwälder, Parks, Gärten: Gelbspötter, S. 92

An Gelbspötter erinnernder Gesang, aber schneller, nicht so rauh, oft weniger Imitationen, aber dafür immer sperlingsartiges Schilpen enthaltend; ruft schmetternd „trrrt“ und „tschet“; offene Wälder, Parks, Gärten, gern Gestrüpp an Bahndämmen, fast nur im Südwesten: Orpheusspötter, S. 92

ROHRSÄNGER

Sehr laut, kraftvoll, knarrend, hart, metronomartig, zu Beginn froschartig quorrend, dann höher „korr korr karre karre kiet kjik kjih“; warnt laut „krek“; Schilfbestände, abnehmend: Drosselrohrsänger, S. 90

Leiser als Drosselrohrsänger, unermüdliche Aneinanderreihung rauher, mittelhoher, schnarrender, oft zwei- bis dreimal taktfest wiederholter Laute, etwa „tiri tiri trü trü trett trett trett zeck zeck“, manchmal mit Imitationen; warnt „krsch“ und „krrk“; Schilfbestände: Teichrohrsänger, S. 90

Eher an Gelbspötter (doch von niedrigerer Warte, auch nachts und weniger schneidend gesungen) als an andere Rohrsänger erinnernd, voller meisterhafter Imitationen und mit regelmäßigen Tempiwechseln, dazwischen aber auch trockenere Töne und ein kennzeichnendes, nasales „tsäbih"; ruft „tjeck" und rasselnd „tschrrr"; singt auch abseits von Gewässern im Gebüsch: Sumpfrohrsänger, S. 90

Ähnlich Teichrohrsänger, aber abwechslungsreicher, schneller, mit Imitationen durchsetzt, oft mit sich beschleunigenden Pfeiftönen und auch im Flug vorgetragen (Merksatz: *Sch*ilfrohrsänger *sch*wungvoll, *T*eichrohrsänger *tr*äge); ruft „tseck" und schnarrend „kerr"; Schilf- und Sumpfgebiete: Schilfrohrsänger, S. 90

Klingt wie ein monotoner Schilfrohrsänger kurz vor dem Einschlafen, ohne Schwung, Tempiwechsel und Imitationen, meist nur „err didi" oder "err pipipi tschrr didi", auch im kurzen Singflug; ruft schmatzend „tjeck" und trocken „err"; Feuchtwiesen und Seggensümpfe, nur im Osten, selten: Seggenrohrsänger, S. 90

Ähnlich Teichrohrsänger, doch weicher und durch gelegentlich eingestreute ansteigende, melodische, an entfernten Brachvogel erinnernde Flötentöne wie „lülülüü lüüh" gekennzeichnet; ruft hart schmatzend „tscheck" und schnarrend „drr drr"; Binsen innerhalb von Schilfgebieten, nur im Süden, z.B. Neusiedlersee Mariskenrohrsänger, S. 90

SCHWIRLE

Heuschreckenartig surrender, monoton auf einer Höhe schwirrender, trockener, minutenlang anhaltender, eher an ein Insekt als an einen Vogel erinnernder Gesang, etwa „sirrrrrrrrrrrrrrrr..."; warnt hart „tsik"; singt auch nachts aus dichter, bodennaher Vegetation oder Gebüsch in meist offenem, oft feuchtem Gelände: Feldschwirl, S. 90

Gesang dem des Feldschwirls extrem ähnlich, klingt aber etwas tiefer, härter und schneller, oft mit rotkehlchenähnlichem Ticken eingeleitet, etwa „tik tik-tik sörrrrrrrrrrrrrrrr..."; ruft ähnlich Kohlmeise „tsching"; singt häufig nachts, oft auch frei auf Halmen sitzend, in größeren Schilfgebieten: Rohrschwirl, S. 90

Monotoner, mechanisch wetzender, etwas nähmaschinenartig klingender Schwirlgesang, bei dem die einzelnen Töne aber deutlich voneinander getrennt sind, etwa „dze dze dze dze dze dze ..."; ruft „dirr" und „tzick tzick"; singt besonders nachts in dichtem, feuchtem Gebüsch, meist an Gewässerrändern, fast nur im Osten: Schlagschwirl, S. 90

TABELLE 2: RUFE UND GESÄNGE IM WINTER (WALD, PARK, GARTEN)

Viele bei uns überwinternde Arten lassen bereits im Winter ihren Gesang ertönen, um Reviere abzugrenzen. Hauptsächlich sind jedoch die typischen, hier gleichfalls aufgeführten Artrufe zu hören.

Wiederholtes, spitz gepfiffenes, rhythmisches „zizidäh", auch „ti-ta ti-ta" oder „siehdäh"; ferner buchfinkenähnliches, helles „ping", oft doppelt:	Kohlmeise, S. 96
Heller, silbriger, abfallender Perltriller „ti-ti tjürrr" oder „zizi-sürrrr"; ferner „tjerr err-err":	Blaumeise, S. 96
Wiederholung gleichartiger, voller Elemente, z.B. klappernd „tjüp-tjüp-tjüp-tjüp" oder eher niesend „pitschi-pitschi-pitschi-pitschi"; ruft explodierend „pitschü" und „tschi-ü"	Sumpfmeise, S. 96
An Waldlaubsänger erinnernd „tiu-tiu tiu-tiu" oder „tzih-tzih-tzih", auf gleicher Tonhöhe oder abfallend; ruft kennzeichnend nasal gedehnt „dääh dääh" oder scharf eingeleitet „zizi-dää-dää-dääh":	Weidenmeise, S. 96
Hoch und rhythmisch „wietze wietze wietze wietze ..."; ruft klar „ti-eh"; nur Nadelwald:	Tannenmeise, S. 96
Spitz beginnend und brodelnd bis burrend endend „zizi-bürrrrl" oder „gürrrr", tiefer als andere Meisen; nur Nadel- und Mischwald:	Haubenmeise, S. 96
Lautes, menschenähnliches Pfeifen „tiüh-tiüh-tiüh-tiüh", auch schneller „witwitwitwit"; ferner „twit twit", bei Erregung „wätwätwätwät":	Kleiber, S. 96
Kurzer, etwa 1 Sek. dauernder, holperiger Gesang „tit-tit-titeroit tri"; ruft hoch „tiht" oder etwas tropfend „ti ti titi":	Gartenbaumläufer, S. 96
Hoher, dünner, etwa 3 Sek. anhaltender, an Blaumeise erinnernder Gesang „titi-tzizerri tsrizirrr"; ruft hoch und dünn „srri":	Waldbaumläufer, S. 96
Sehr feines Wispern, glashell und außerordentlich hoch, in der Tonhöhe auf und ab gehend „sisihsisihsisihsisih"; ruft dünn „sri-sri-sri"; brütet nur in Nadel- oder Mischwald, zur Zugzeit auch andere Lebensräume (vergl. Sommergoldhähnchen in Tabelle 3):	Wintergoldhähnchen, S. 94
Mit klaren, hohen Tönen beginnend, dann schneller werdend, in Tonhöhe und Geschwindigkeit wechselnd, mit perlenden Trillern, zwar silberhell, aber stellenweise etwas wehmütig; ruft schnickernd „tick, tick", warnt hoch und dünn „siih":	Rotkehlchen, S. 84

Überraschend lauter, klarer, hoher, 5-6 Sek. dauernder Gesang mit schmetternden und leiseren Tönen sowie Schlußtriller, etwa „titi-türrr-lilitütü-türr-lülü-zett-zett-zett-türrrrrrrr-ti“; ruft trocken schmetternd „zrrrrr“ und metallisch kurz „zeck“, oft gereiht: Zaunkönig, S. 84

Nur an Fließgewässern, rauh schwatzend und trillernd, leise und gepreßt zwitschernd; im niedrigen Flug über dem Wasser scharf und durchdringend „zrrz“: Wasseramsel, S. 84

Kräftiges „pink pink“, im Flug leiser „djüb djüb“, auch rauh und tief „rrrüf“ („Rülschen“ oder „Regenruf“): Buchfink, S. 100

Weich flötend, recht leise und etwas klagend „djüh“: Gimpel, S. 100

Rauh „dschuit“ und „dschüüsch“, klingelnd „gigigi“: Grünling, S. 102

Nasal gequetscht „quäg“; meist im Trupp, Wintergast : Bergfink, S. 100

Sehr scharf, kurz und hoch „zck“ oder „pix“: Kernbeißer, S. 100

Langgezogen und hell „dlü-iih“ oder „tsilüh“, auch mürrisch „krrie“ und trocken „ketket“: Erlenzeisig, S. 102

An Grünling erinnernder, zwitschernder Finkengesang mit eingestreuten „kip“-Rufen, z.B. „ziri-ziri tschrüt-tschrüt-schri kip-kip-kip trttrt tschiri“; kennzeichnender Ruf metallisch „kipp kipp“ oder „glip glip glip“, Warnruf tiefer „tück“; meist im Trupp, nur in Nadelwäldern: Fichtenkreuzschnabel, S. 102

Heiser, gedämpft krächzend oder rätschend „gschägschäh, räätsch“, manchmal auch bussardartig miauend „hiää“: Eichelhäher, S. 98

Rauh schackernd „tschak-tschak-tschak“ oder „tschakerack“: Elster, S. 98

Krächzend und rauh „krrah“ oder nur „krr“: Aaskrähe, S. 100

Klangvoll, tief und laut „korrk“, schallend „klong“: Kolkrabe, S. 100

Hart und kräftig „kick“ oder „tix“; ferner knapp 1 Sek. langer, lauter, schneller Trommelwirbel (durch rasches Schnabelhämmern auf morschem Holz o.ä.): Buntspecht, S. 78

Helle Reihe „kikikikikiki“, an Turmfalke erinnernd; daneben über 1 Sek. langer, langsamer, schwacher Trommelwirbel, oft in kurzen Abständen wiederholt: Kleinspecht, S. 78

Quäkende und klagende Rufreihe von 4-10 Tönen „qüää quääg quääk quää quää"; ruft auch ähnlich Buntspecht „kük", aber oft gereiht, trommelt jedoch nicht; meist in Eichenbeständen:	Mittelspecht, S. 78
Dünner als Grünspecht, eher menschlichem Pfeifen als Lachen ähnlich, deutlich abfallend und zum Ende langsamer werdend, etwas klagend „kjükjükjü-kjü-kjü kjü kjü kjü"; Flugruf „kjück"; Trommelwirbel dauert gut 1 Sek., schwächer als beim Buntspecht:	Grauspecht, S. 78
Laut schallend und lachend, zum Ende etwas abfallend und schneller werdend „glüh glüh glü glü-glüglüglü"; Flugruf „kjükjükjück"; trommelt seltener als Grauspecht, aber ähnlich:	Grünspecht, S. 78
Grünspechtartiges Lachen, aber heller, wilder, auf einer Höhe „kwoikwikwikwikwikwikwi"; ruft langgezogen und laut „kli-öh", im Flug leiser schirkend „krikrikrikri"; Trommelwirbel sehr laut, aber langsam, 2-3 Sek. lang:	Schwarzspecht S. 78

TABELLE 3: RUFE UND GESÄNGE VON MÄRZ BIS MITTE APRIL (HAUS, GARTEN, WALD)
Zu den in Tabelle 2 aufgeführten Gesängen kommen nun weitere hinzu. Von der Zweigsängern der Tabelle 1 sind außerdem Zilpzalp, Mönchsgrasmücke und ab Anfang April Fitis zu hören.

Volles, abwechslungsreiches, lautes, schallendes Flöten, oft etwas traurig oder feierlich klingend, am Ende meist fistelnd und höher zwitschernd, schon im Morgengrauen und meist von erhöhter Singwarte; ruft u.a. „tschackschak", „srri", „gock":	Amsel, S. 88
Laute, kurze Flötenmotive verschiedenster Art und schrille Töne, jeweils zwei- bis viermal wiederholt, z. B. „tatüh-tatüh-tatüh tüte-tüte diudit-diudit-diudit djackdjacktieh tlio-tlio ..."; warnt scharf und durchdringend „xixixixixi", ruft kurz „zip":	Singdrossel, S. 88
Amselähnlich, aber kürzere, schnellere Strophen, kein Zwitschern am Ende, insgesamt melancholischer flötend; ruft hölzern schnarrend „zerrrrrr":	Misteldrossel, S. 88
Plärrend und zwitschernd, eher mißtönend und ohne drosseltypische Flötentöne, kurz, meist im Flug oder im Baum umherflatternd vorgetragen; ruft etwas elsterähnlich „schackschackschack" und unrein „giääh":	Wacholderdrossel, S. 88
Von erhöhter Singwarte vorgetragenes kunterbuntes Geschwätz	

mit Pfiffen, Knattern und Plappern, schnalzend, zischend, teils unrein, teils klar pfeifend, durchsetzt mit Imitationen anderer Tierstimmen, dazwischen immer wieder abfallend pfeifend „staaar"; ruft u.a. „djürr" und „stää": Star, S. 88

Schmetternder, kräftiger, kurzer Gesang, etwas abfallend und mit rollendem Schnörkel endend, „tsit-tsittsit-schitschitschitsu-schitsurria" („Es gibt noch viel schönere Mädchen als Rrrros-marrrie"), regional mit einem angehängten, buntspechtähnlichen „kick": Buchfink, S. 100

Aneinandergereihte Triller verschiedener Höhe und Geschwindigkeit, dazwischen nasal und gequetscht „dschu-i" und „dschääit"; von Singwarte und in schmetterlingsartigem Flug vorgetragen: Grünling, S. 102

Finkengesang mit zwitschernden und rollenden Elementen, dem Grünling oft ähnlich, aber mit eingestreuten „stigelitt"-Rufen; ruft „stige-lit" oder nur „glitt-glitt"; gerne in Gärten: Stieglitz, S. 102

An Kanarienvogel erinnernder, zwitschernder, rollender, teilweise flötender, abwechslungsreicher Gesang; Flugruf nasal und knöternd „knet-ett"; Gärten, Waldränder: Bluthänfling, S. 102

Etwas quietschender, klingelnder, hoher Gesang in hüpfendem Rhythmus; ruft etwas gebrochen „siih": Heckenbraunelle, S. 84

Sehr hoch und fein, eine Reihe anschwellender und am Schluß ansteigender Tönchen „si si si-si-sisissih" (Merksatz: *S*ommergoldhähnchen *s*teigt, *W*intergoldhähnchen *w*ankt); nur in Nadel- oder Mischwald: Sommergoldhähnchen, S. 94

Abwechselnd hell und dünn „titisri", klappernd „tülltülltüll", „zriwiwi", dazwischen trocken knirschend „chrrrch, krrrrsch"; ruft trocken „wit, tick-tick"; auf Hausdächern, oft vor Sonnenaufgang als erste Vogelstimme beginnend: Hausrotschwanz, S. 86

Ununterbrochenes Tirilieren und Jubilieren, anfangs vom Boden, später hoch aus der Luft, schon im Morgengrauen beginnend; ruft trocken „trrülüt" und „bürrt"; in offener Landschaft: Feldlerche, S. 80

Typische dumpfe, gurrende Taubenstimme, 4-6 rhythmisch vorgetragene, tief und hohl klingende Elemente, etwa „grru-gruh gru, gru gru": Ringeltaube, S. 74

Hohl und monoton dudelnd, dreisilbig, höher als Ringeltaube „duduuh du, duduuh du, ...“; im Flug heiser und nasal „chrää“; fast immer im menschlichen Siedlungsbereich: Türkentaube, S. 74

Tief quorrende Laute, gefolgt von hohem, explosivem Ton, etwa „uoort-uooort-uooort pitz“, in der Dämmerung während eines gaukelnden Balzflugs ausgestoßen; feuchte Wälder mit Schneisen und Lichtungen: Waldschnepfe, S. 60

TABELLE 4: GESÄNGE VON MITTE APRIL BIS JUNI (WALD, PARK, GARTEN)

Ab Mitte April wird der Chor der Vogelstimmen für den Beginner sehr verwirrend, wenn er sich in den vorangegangenen Monaten nicht bereits mit einigen Arten vertraut gemacht hat. Die Stimmen dieser Tabelle werden noch ergänzt durch die Grasmücken, Laubsänger und Spötter von Tabelle 1, die überwiegend Ende April und im Mai eintreffen.

Wehmütiger, kurzer Gesang, meist „sieh trüh-trüh“ beginnend, sehr variabel und gelegentlich durch kurze Imitationen bereichert; warnt „huid tick-tick“; singt schon im Morgengrauen: Gartenrotschwanz, S. 86

Dem Gartenrotschwanz ähnlich, aber kräftiger, rhythmischer, aus 3-6 Motiven zusammengesetzt, z.B. „si-tsüli-tsüli writje-writje-tsilili-tsilili wri“; warnt kurz und scharf „pit“: Trauerschnäpper, S. 94

Langgezogene, zirpende und quietschende, gepresste Töne, dazwischen hoch „hiiip“, ganz anders als Trauerschnäpper und eher an Gartenbaumläufer erinnernd; ruft langgezogen „hiip“ und warnt hart „pick“; fast nur im Süden: Halsbandschnäpper, S. 94

Beginn ähnlich Trauerschnäpper oder Waldlaubsänger, Schluß abfallend ähnlich Fitis, aber glockenrein, etwa „tink tink tink eideida eida dü dü dlüh“; ruft sanft und klar „tijü“ und weicher als Zaunkönig „trrr“; alte Laubwälder, fast nur im Osten: Zwergschnäpper, S. 94

Unbedeutende Aneinanderreihung scharfer, hoher, zirpender Laute, z.B „zirr, zizzieht, zirt zrt“; ruft scharf „zirrt“, warnt „zrrt-tek“; auch an Gebäuden: Grauschnäpper, S. 94

Schön flötend, laut, seelenvoll, großer Tonumfang, viele verschiedene Strophen, die durch Wiederholungen manchmal an Singdrossel erinnern, zart einsetzende Crescendotöne kennzeichnend, die bei fallender Tonhöhe immer lauter und schwellender werden, ferner weitere schluchzende und schlagende Elemente; warnt leicht ansteigend „jihp“ und tief „karr“: Nachtigall, S. 84

Der Nachtigall ähnlich, aber weniger schmachtend, lauter, tiefer, stoßender, kraftvoller, ohne das typische Crescendo, dafür mit tiefer „tschuck-tschuck-tschuck-tschuck ...“-Serie (Nachtigall softie- und Sprosser machoartig); warnt auf gleicher Tonhöhe bleibend „iiiht“ und tief „errr“; bewohnt feuchtere Dickichte als Nachtigall, fast nur im Osten: Sprosser, S. 84

Schmetternder Beginn mit Wiederholung mehrerer Elemente in unterschiedlicher Geschwindigkeit, von Baumspitze oder im Singflug vorgetragen, mit einer abfallenden „zia“-Folge beendet, bei der der Singflug in fallschirmartiges Hinabgleiten übergeht, etwa „djidjidji tjatjatja trritrri trri wi wi wiii zia zia zia zia zia“; ruft etwas rauh „psi“; Waldränder und Lichtungen: Baumpieper, S. 82

Hastiges, hohes Lied, das etwa wie das Knirschen von Glasscherben oder wie ein ungeölter Kinderwagen klingt, von hoher Singwarte oder im schmetterlingsartigen Balzflug vorgetragen; ruft klirrend „tirrlit“ (oder „girr-litz“); gerne in Gärten: Girlitz, S. 102

Kurze, laut flötende Strophe, durchaus an Pirolpfiff erinnernd, etwa „wüdje-wü-wüdje“, „tü-te-hütja“; ruft ähnlich Grünling rauh „dschuj“; Waldränder, Gebüsch, erst ab Ende Mai, fast nur im Osten: Karmingimpel, S. 100

Hohl zweisilbig gurrend „oo-uo, oo-uo, oo-uo ...“; meist in alten Laubwäldern und Parks: Hohltaube, S. 74

Rollend „turrr-turrr, turrr-turrr ...“; offene Wälder, Parks: Turteltaube, S. 74

Wohltönendes, lautes und volles Flöten, z.B. „didlio, dü-de-lio“ (oder „Vogel Bülow“); ruft eichelhäherartig krächzend „chrää“; Laubwälder, kommt spät zurück (daher auch „Pfingstvogel“ genannt): Pirol, S. 98

Sehr eigentümliche, nasal quäkende und etwas weinerlich klingende, eintönige Reihen, etwas an Mittelspecht erinnernd „wähd-wähd-wähd-wähd-wähd ...“; Parks, Obstgärten, offene Wälder: Wendehals, S. 78

Lautes „kuck-uck“ oder „gugug, gugukuck“, oft minutenlang; bei Verfolgungsjagden auch heiser „gug-chä-chä-chrä“; Weibchen macht brodelnden, glucksenden Triller „blublublublublub“: Kuckuck, S. 74

Nächtliches, schnurrendes, lang anhaltendes „errrrrrörrrrrr“, daneben manchmal klatschende Geräusche und lauteres „fiörr fiörr“; nur nachts an Waldrändern, über Lichtungen, Heiden und Mooren, selten: Ziegenmelker, S. 74

TABELLE 5: VOGELSTIMMEN DER FELDER, WIESEN, OFFENEN LANDSCHAFT

Sofern sich hier Gebüsch- oder Baumgruppen befinden, kommen natürlich noch weitere Arten aus den vorhergehenden Tabellen hinzu. Von den Zweigsängern aus Tabelle 1 sind für diesen Lebensraum ferner Dorn- und Sperbergrasmücke, Sumpfrohrsänger und Feldschwirl typisch.

Ununterbrochenes Tirilieren und Jubilieren, anfangs vom Boden, später hoch aus der Luft, schon im Morgengrauen beginnend; ruft trocken „trrülüt“ und „bürrt“:	Feldlerche, S. 80
Eine Folge schneller, scharfer Töne, oft im kurzen Singflug, z.B. „tsip tsip tsip tsip tsü tsü tsü zrr zrr sjü sjü sjü sjü“; ruft hoch „ißt-ißt“:	Wiesenpieper, S. 82
Am Schluß mit gedehntem Ton abfallendes „si-si-si-si-sisi süüür“ („Ach-wie-hab-ich-Dich-so liiiieb“), meist von Leitungen und anderen Singwarten; ruft „zick“ und „dzühr“:	Goldammer, S. 104
Folge kurzer, scharfer Töne, gefolgt von an Schlüsselbund erinnerndem Klingeln, „zik zik zikzik zrrrrs“; ruft tief und hart „ztick“:	Grauammer, S. 104
Monotoner, stotternd beginnender Gesang mit kurzem Schlußschwirren, etwa „zit zit zit zirirr“ oder „srip srip srip-srip-sirrä“; ruft „ziü“ und rauher „tschü“; schilfbestandene Gräben, Röhricht, feuchte Wiesen:	Rohrammer, S. 104
Nasal „töjt“, ratternd „trretrretrret“, im Flug „täckäckäck“:	Feldsperling, S. 100
Aus dem Artruf „zi-lit“ zusammengesetzter, zwitschernder Gesang:	Bachstelze, S. 82
Gesang eine kurze Aneinanderreihung rauher Rufe, z.B. „psi sri tsürrl srit“; ruft „psi“; feuchte Wiesen:	Schafstelze, S. 82
Kurze Folge rauher, gepreßter und flötender Töne, auch Imitationen, von niedriger Singwarte aus vorgetragen; warnt „tek“ und „jü tek-tek“; feuchte Wiesen, Brachflächen, ab April, auch nachts zu hören:	Braunkehlchen, S. 86
Leiser, abwechslungsreich plaudernder Gesang mit vielen Nachahmungen, dazwischen auch die typischen Artrufe; ruft nasal gedehnt „wäähw“ und etwas schmatzend „schackschackschack“; in Gebüsch und Hecken, erst im Mai:	Neuntöter, S. 98
Scharf knarrend, zweisilbig „kirrr-reck“; beim Auffliegen mit burrendem Flügelgeräusch „pick pick pit“; auch nachts zu hören:	Rebhuhn, S. 54

Laut krächzend „goook-gock“, gefolgt von durch Flügelschlagen erzeugtem, leiserem „brrrt“; beim Auffliegen Flügellärm und lautes „böck“: Jagdfasan, S. 54

Flüssiges, lautes, ständig wiederholtes, dreisilbiges „pick-perwick“ („Bück-den-Rück“); besonders abends, auch nachts: Wachtel, S. 54

Ständig monoton wiederholtes, hölzernes „rrrrp-rrrrp, rrrrp-rrrrp, rrrrp-rrrrp“, besonders nachts: Wachtelkönig, S. 54

TABELLE 6: VOGELSTIMMEN IM GEBIRGE

Hier sind nur die typischen Vögel der Alpen sowie der Hochlagen einiger Mittelgebirge aufgeführt. Viele Arten des Flachlands steigen in den Bergwäldern aber bis zur Baumgrenze und höher auf. Ein typischer Zweigsänger (Tabelle 1) dieses Lebensraums ist der Berglaubsänger.

Gesang vom Aufbau her durch Wiederholungen ähnlich Singdrossel, durch melancholischen Klang mehr wie Misteldrossel, z.B. „drüdrüdrü tjütjütjü dagagag tschiri tschiri“; ruft sehr hart „tack tack tack“; bewohnt den Bereich der Baumgrenze, auch in einigen Mittelgebirgen: Ringdrossel, S. 88

Entfernt an das Tirilieren der Feldlerche erinnernd, im Vergleich zur Heckenbraunelle langsamer und weniger hell, mit tiefen, harten Trillern; ruft rollend „drrür“, „dscheb“ und „tüje“; lebt oberhalb der Baumgrenze auf Matten: Alpenbraunelle, S. 84

Gesang dem des Wiesenpiepers ähnlich, doch meist länger und im Flug vorgetragen; ruft scharf, etwas gedehnter und heiserer als Wiesenpieper „wiist“; auf feuchten Wiesen oberhalb der Baumgrenze: Bergpieper, S. 82

Im gleitenden Balzflug oder im Sitzen vorgetragener, stotternd zwitschernder, ammerähnlicher Gesang; ruft „qüää“, „pschiü“; Felsen, oft bei Bergstationen: Schneesperling, S. 100

Kurze, klirrende Strophen, die an Girlitz und etwas an Stieglitz erinnern, teilweise im schmetterlingsartigen Balzflug vorgetragen, dazwischen „pipipit“; ruft klingelnd „dididi“ und etwas nasal ansteigend „djai“; Nadelwälder: Zitronengirlitz, S. 102

Vielfältige pfeifende bis schwatzende Rufe, z.B. rollend „krüh“, durchdringend „tzzzieh“, schneidend bis klirrend „tschirrl“, „pyrr“; oft um Gipfel kreisend oder bei Berghütten: Alpendohle, S. 98

Hölzernes Krähen, manchmal schnell wiederholt „krräh, krraahkraahkraah“, schnarrend wie altes Uhrwerk und nicht so rätschend wie Eichelhäher; im Nadelwald:	Tannenhäher, S. 98
Klingt wie Buntspecht „kick“, manchmal etwas weicher, mehr „kjük“; trommelt etwas länger, aber langsamer als Buntspecht; alte Wälder, besonders Nadelbäume:	Dreizehenspecht, S. 78
Einsilbige, harte Spechtrufe, leiser, tiefer und weicher als bei Buntspecht „kjöck“; Trommelwirbel etwa 2 Sek. lang und sich beschleunigend; ältere Laubbestände:	Weißrückenspecht, S. 78
In der Dämmerung gimpelähnlich flötend „djüb djüb“, im Herbst ansteigende Tonfolge „tjat tjet tjüt tji tjjt“; alte, offene Wälder, Lichtungen:	Sperlingskauz, S. 76
Eigentümlich hohles, weithin hörbares Kollern und Burren, lauter als Tauben, aber klangverwandt, aus der Nähe Fauchen; im Morgengrauen an der Baumgrenze oder in Mooren:	Birkhuhn, S. 52
Abfolge von sich beschleunigenden, hölzern klappernden, schlukkenden und wetzenden Geräuschen; morgens in ruhigen Bergwäldern:	Auerhuhn, S. 52
Sehr hoch, dünn, an ein Goldhähnchen erinnernd „ziuhitsitsitsitsitsitzerizieh“; Nadel-, Laub- und Mischwälder, gerne feucht, auch in einigen Mittelgebirgen:	Haselhuhn, S. 52
Hölzern „aarrr arrrr“; oberhalb der Baumgrenze vom Boden, oft bei Schneefeldern:	Alpenschneehuhn, S. 52
Wetzend „tschatzi-bitz, schatzi-bi“, kleiberähnlich „wit-wit-wit“; im Flug „pitschi“; Steinhalden oberhalb der Baumgrenze, sehr selten:	Steinhuhn, S. 54

TABELLE 7: NÄCHTLICHE VOGELSTIMMEN IM SUMPF, SCHILF UND AM SEE

Die hier vorgestellten Stimmen sind etwa von April bis Juni in der Dämmerung und nachts zu hören. Ihre Kenntnis ist besonders wichtig, da man die dazugehörigen Vogelarten wegen der Dunkelheit nicht sehen kann, viele von ihnen aber auch tagsüber völlig versteckt in der Vegetation leben. Hinzu kommen von den in Tabelle 1 behandelten Zweigsängern die Schwirle und Rohrsänger. Je nach Lebensraum lassen sich mitunter auch Nachtigall oder Sprosser, Ziegenmelker und Kuckuck aus Tabelle 4 und Braunkehlchen (Tabelle 5) vernehmen.

Verschiedene, vom Wasser her erklingende Laute, z.B. gackernd „kek-kek-kek“, bauchrednerisch „quorr“, schnarrend „arrrr“; Jungvögel betteln „billibillibillibilli“:	Haubentaucher, S. 32
Hoher, bibbernder Triller „bibibibibi“, auch im Duett; vom Wasser oder aus der Ufervegetation:	Zwergtaucher, S. 32
Lautes, tiefes, dumpfes, weit zu hörendes „uh-pruumb“, wie der beim Blasen über eine leere Flasche entstehende Ton, aus der Ferne nur kuhähnliches „uuhb“ vernehmlich; Flugruf heiser bellend „kau“; in größeren Schilfgebieten:	Rohrdommel, S. 34
Alle 2 Sek. dumpf tropfend „wrö wrö wrö ...“; bei Alarm „kekeke“; ab Mai, auch an kleineren, vegetationsreichen Teichen, sehr selten:	Zwergdommel, S. 34
Vom fliegenden Vogel ein froschähnliches, lautes „kwack“; nur im Süden:	Nachtreiher, S. 34
Heiser krächzend „krääk“ und „chrä“:	Graureiher, S. 36
Die von Hausenten her bekannten Rufe, z.B. „rhääb rhääb“:	Stockente, S. 40
Hell „krick“, „krück“:	Krickente, S. 40
Hölzern knarrend „krrrk, krrrk“, nicht regelmäßig und rhythmisch wiederholt:	Knäkente, S. 40
Hoch pfeifend und laut, einsilbig „wiu“:	Pfeifente, S. 40
Trompetend und sehr laut „kruh“; Bruchwälder, fast nur im Osten:	Kranich, S. 54
Klingt wie der Artname, teils schneidig, teils jämmerlich hervorgebracht „kie-wit, kju-wit-wit-witt“:	Kiebitz, S. 56
Sich zu einem brodelnden Triller beschleunigendes, lautes und volles Flöten; ruft außerdem flötend „kurli“ und „klui“:	Großer Brachvogel, S. 60

Wie ein Uhrwerk „tike tike tike tike ...", ferner ein wummerndes oder meckerndes Geräusch aus der Luft, das beim Balzflug durch die beim Hinabstürzen vom Luftzug in Vibration versetzten, abgespreizten äußeren Steuerfedern erzeugt wird (daher manchmal „Himmelsziege" genannt); auffliegend heiser „ätsch": Bekassine, S. 60

Singt dumpf und relativ leise „dudududududu", dazwischen Flügelklatschen; ruft gedämpft kläffend „kjäffkjäff": Sumpfohreule, S. 76

Endlos perlender, heller Gesang, durchsetzt mit guten Imitationen anderer Stimmen (kann mit Sumpfrohrsänger verwechselt werden!), gekennzeichnet durch sich beschleunigende Glockentöne „tri tri tri ting-tingting"; ruft „track" und „hiit tschakschak"; schon ab Ende März: Blaukehlchen, S. 84

Besondere Probleme bereiten die Stimmen der RALLEN (S. 54). Sie werden untereinander häufig verwechselt, da einige Arten mehrere und zudem vielen Vogelbeobachtern unbekannte Rufe besitzen. Außerdem ähneln manche Lautäußerungen denen anderer Vogelarten (z.B. Knäkente) und einiger Amphibien. Daher werden sie hier im Überblick dargestellt.

Explodierend „kürrk" und „kjürrük", hart „keck keck", während der Balz auch im Flug „kreck kreck kreck ..."; Gewässer aller Art: Teichhuhn, S. 54

Hoch, scharf und explodierend „pix", fast gackernd „köck köck", bellend „kau" und „köw", bei nächtlichen Flugrunden nasal trompetend „päau"; Jungvögel betteln rauh, ansteigend „frrjieh"; Gewässer aller Art: Bläßhuhn, S. 54

Umfangreiches Stimmrepertoire, z.B. ganzjährig plötzliche, ferkelartig quiekende Töne „grruieh grruit grri grii", bauchrednerisch blähende und knurrende Laute wie „uuugh, würrrg", bei der Balz lange, rhythmische, monoton hämmernde Reihen wie „kipp kipp kipp kipp ...", ferner kürzer „tik tik tjürrr" oder vom fliegenden Weibchen nur „tjürrrrl"; Ufervegetation verschiedener Art: Wasserralle, S. 54

Scharf peitschend in meist langen Reihen „quitt, quitt ..."; Verlandungszonen, Seggenbestände, überschwemmte Wiesen, ab April: Tüpfelsumpfhuhn, S. 54

Männchen balzt mit sich zum Schluß beschleunigender und abfallender Reihe etwas quakender Laute „quek quek quek-quek-quek-quägüägüägüägägäg", unverpaartes Weibchen ruft mit Schlußtriller „pöck pöck pörrr" (oft mit weniger vollem Triller der Wasserralle verwechselt); größere Schilfbestände, fast nur Osten und Südosten, selten, ab April: Kleines Sumpfhuhn, S. 54

Männchen singt hölzern schnarrend, nicht sehr laut, auf einer Tonhöhe oder etwas schwankend alle 2-3 Sek. von etwa 2-3 Sek. Dauer „errrrrrr errrrrr trrrrrr ...“ (Verwechslungsgefahr u.a. Wasserfrosch, Knäkente), Weibchen ruft kurz und leise „schrrr“, nicht unähnlich z.B. warnendem Sumpfrohrsänger; Seggenbestände, überschwemmte Wiesen, sehr selten, erst ab Ende Mai: Zwergsumpfhuhn, S. 54

Laut, hölzern und rhythmisch in endloser Folge „rrrp-rrrp rrrp-rrrp rrrp-rrrp ...“, wie wenn man mit einen Streichholz über einen Kamm streicht; ausgedehnte Wiesenflächen, meist feucht, gelegentlich auch Getreidefelder, ab Mitte Mai: Wachtelkönig, S. 54

Einige Amphibien, deren nächtliche Stimmen mit denen von Rallen und anderen Vogelarten verwechselt werden können, sind Laubfrosch (geckernd „keckeckeckeckeck“ oder „räbräbräbräbräb“), Wechselkröte (weich trillernd „ürrrrrrr“), Kreuzkröte (härter „ärrr ärrr“), Wasserfrosch (quakend „quorrrr quorrrr“), Geburtshelferkröte (hell klingelnd bis flötend „üg üg üg“) sowie Rot- und Gelbbauchunke (wohlklingend tief „uh, uung“; die drei letztgenannten auch mit Zwergohreule und Sperlingskauz zu verwechseln). Auch Knäkente, Bekassine, Doppelschnepfe, Schwirle, Ziegenmelker oder Zwergdommel können ähnlich klingen, ferner die Maulwurfsgrille.

TABELLE 8: STIMMEN NÄCHTLICH ZIEHENDER VÖGEL

Viele Vogelarten ziehen nachts und lassen dabei ihre charakteristischen Rufe hören. Sie sind meist mit den in den Bestimmungstexten beschriebenen Rufen identisch. Vor allem im Herbst ist an der Küste und auf den Inseln während guter Zugnächte ein vielfältiges Stimmengewirr zu hören. Doch auch im Binnenland lassen sich besonders von September bis November über den hell erleuchteten Großstädten einige auffallende Rufe vernehmen. Nachfolgend sind die häufigsten und charakteristischsten Stimmen zusammengestellt.

Kurz und scharf „zip“:	Singdrossel, S. 88
Hoch und langgezogen „ziih“:	Rotdrossel, S. 88
Etwas unreiner „zrieh“:	Amsel, S. 88
Flüssig rollend „djürrlü“:	Feldlerche, S. 80
Hoch und scharf „hididi“:	Flußuferläufer, S. 62
Hart flötend „kjükjükjü“:	Grünschenkel, S. 62
Voll flötend „kürlüh, tlaüh“:	Großer Brachvogel, S.60
Trocken schwirrend „tirrr, drrrd“:	Alpenstrandläufer, S. 58
Traurig flötend „diüh“:	Goldregenpfeifer, S. 56
Flüssig „pick-perwick“ (Frühjahr):	Wachtel, S. 54
Laut trompetend „kruh“:	Kranich, S. 54
Pfeifendes Flügelgeräusch „vivivi“:	Stockente, S. 40
Laut pfeifend „wiu“:	Pfeifente, S. 40
Gackernde, nasal schnatternde Rufe:	verschiedene Gänse, S. 38
Krächzend „kraark, chräk“:	Graureiher, S. 36

Weiterführende Hinweise

Wer sich noch intensiver mit der Vogelbeobachtung beschäftigen möchte, steht vor einem inzwischen kaum noch überschaubaren Produktangebot. Daher seien hier einige Titel besonders empfohlen.

BÜCHER

Jonsson, L. (1992): Die Vögel Europas und des Mittelmeerraumes. Kosmos Verlag, Stuttgart.
Hervorragende Farbzeichnungen, ausführliche Texte und die Behandlung der Urlaubsländer um das Mittelmeer herum haben dieses Buch rasch zum Standardwerk werden lassen.

Bruun, B., H. Delin & L. Svensson (1993): Der Kosmos-Vogelführer. Kosmos Verlag, Stuttgart.
Ein handliches Bestimmungsbuch über alle Vögel Europas mit guten Farbzeichnungen und sehr präzisem Text.

Harris, A., L. Tucker & K. Vinicombe (1991): Vogelbestimmung für Fortgeschrittene. Kosmos Verlag, Stuttgart.
Hier werden ausführlich einige Vogelarten und -gruppen behandelt, deren Bestimmung besondere Schwierigkeiten bereitet.

Delin, H., & L. Svensson (1989): Der Kosmos-Vogelatlas. Kosmos Verlag, Stuttgart.
Ein großformatiges Buch mit der vollständigsten Sammlung von Fotos europäischer Vögel.

Bezzel, E. (1995): BLV Handbuch Vögel. BLV Verlag, München.
Ein mit Fotos und Zeichnungen illustriertes Buch voller Informationen über die Lebensweise der häufigeren Arten Mitteleuropas.

TONTRÄGER

Roché, J.C. (1995): Die Vogelstimmen Europas auf 4 CDs. Kosmos Verlag, Stuttgart.
Gute Aufnahmen der Gesänge und Rufe von 396 Arten.

Roché, J.C., & E. Pott (1993): Vogelstimmen in Wald, Park und Garten auf CD. Kosmos Verlag, Stuttgart.
Eine Auswahl von Arten der genannten Lebensräume, begleitet von gesprochenen Erläuterungen, die für den Beginner sehr hilfreich sind.

ANSCHRIFTEN

Mit Vogelschutz und Vogelbeobachtung beschäftigt sich auch der Naturschutzbund Deutschland, von dem es fast überall Kreis- und Ortsgruppen gibt. Deren Anschriften sind dem Telefonbuch zu entnehmen oder bei der Bundesgeschäftsstelle zu erfragen (Naturschutzbund Deutschland, Herbert-Rabius-Str. 26, 53225 Bonn). In der Schweiz hilft der Schweizer Vogelschutz SVS (Postfach, 8036 Zürich), in Österreich BirdLife Österreich (Museumsplatz 1/10/8, 1070 Wien). Ferner gibt es in vielen Regionen vogelkundliche Arbeitsgemeinschaften, zu denen man Kontakt suchen kann.

Wenn man einen beringten Vogel findet, sollte der Ring zusammen mit den genauen Funddaten an die nächste Vogelwarte geschickt werden. Für Norddeutschland ist dies die Vogelwarte Helgoland (An der Vogelwarte 21, 26386 Wilhelmshaven), für Ostdeutschland die Vogelwarte Hiddensee (18565 Kloster/Hiddensee), für Süddeutschland und Österreich die Vogelwarte Radolfzell (78315 Radolfzell) und für die Schweiz die Vogelwarte Sempach (Schweizerische Vogelwarte, 6204 Sempach).

Register der Vogelnamen

Die Zahlen verweisen auf die Textseiten im Bestimmungsteil. Wissenschaftliche Namen sind *kursiv* gedruckt.

D

E

T

U

V

W

KOSMOS

Erlebnis Natur

Sicher erkennen und bestimmen

Das umfassende Bestimmungsbuch behandelt alle Vogelarten Europas und des Mittelmeerraums, neben den Brutvögeln auch Durchzügler und seltene Gäste. Mit den lebendigen und ansprechenden Abbildungen, die von einem informativen Text begleitet werden, lassen sich die Vögel genau zuordnen.

Lars Jonson
Die Vögel Europas

559 Seiten,
über 2.600 farb. Einzeldarstellungen,
590 Verbreitungskarten

ISBN 3-440-07828-0

Dieser herausragende Vogelführer stellt – umfassend und kompakt – über 750 Vogelarten Europas, Nordafrikas und Vorderasiens vor. Neben den informativen Texten bestechen vor allem die über 4000 brillanten, naturgetreuen Illustrationen.

Svensson/Grant/Mullarney/Zetterström
Der neue Kosmos Vogelführer

400 Seiten,
4116 Abbildungen,

ISBN 3-440-07720-9

www.kosmos.de

Brutvögel in unseren Gärten